TRACÉ

à la

SALLE DES BATIMENTS DE MER

d'après Devis.

par

M. CAPPONI,

Maître Charpentier de la Marine Chef de l'Atelier de la Mâture
Chargé du Cours Pratique du Tracé des Plans,
a l'École de Marchauce ancien M. Calfat a la mer ancien M. Pieeau
Chevalier de la Légion d'Honneur

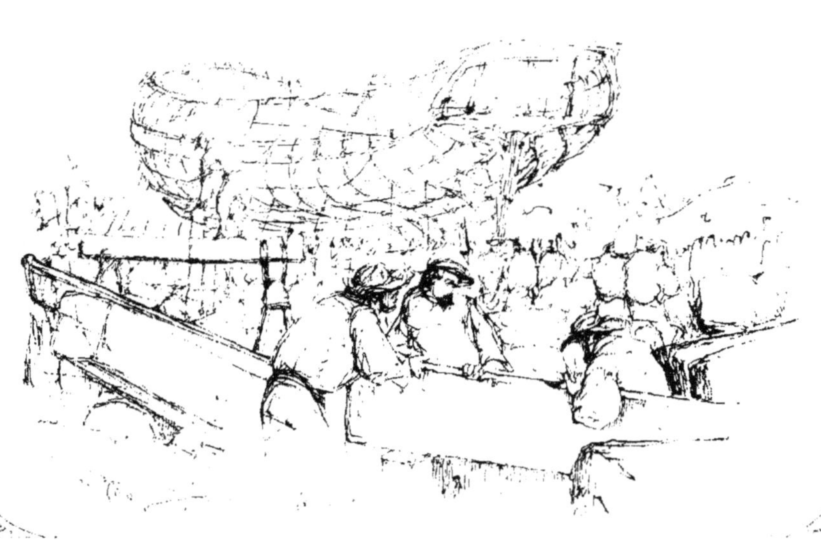

TRACÉ

A LA

SALLE DES BATIMENTS DE MER.

TRACÉ

A LA

SALLE DES BATIMENTS DE MER

D'APRÈS DEVIS,

PAR

Me CAPPONI,

MAITRE CHARPENTIER DE LA MARINE, CHEF DE L'ATELIER

DE LA MATURE, CHARGÉ DU COURS PRATIQUE

DU TRACÉ DES PLANS, A L'ÉCOLE

DE MAISTRANCE,

CHEVALIER DE LA LÉGION D'HONNEUR.

TOULON

IMPRIMERIE VEUVE BAUME, RUE DE L'ARSENAL, 17.

1850.

Nota. *Pour plus de facilité, nous avons cru devoir disposer le dessin qui représente le navire, de manière à ce que la première moitié comprenant la partie arrière, fût placée au commencement de l'ouvrage, et la partie avant, à la fin, pour que le lecteur pût développer à la fois la planche entière à droite et à gauche, et embrasser d'un seul coup d'œil tous les détails du bâtiment.*

AVANT-PROPOS.

Cette instruction pratique du tracé et de la confection
des gabarits de la coque des bâtiments de mer, que je
mets aujourd'hui sous les yeux du public, est à la portée
de l'intelligence de toutes les personnes destinées à
cette partie délicate du service des constructions navales.
Quelle que soit l'aptitude des conducteurs des travaux
qui secondent ordinairement les principaux chefs dans
l'exercice du tracé, il peut arriver sinon d'ignorer les
moyens en usage pour développer une courbe, du moins
d'être dans l'incertitude, en oubliant, après un temps
plus ou moins long, la marche à suivre pour effectuer
dans l'ordre voulu, toutes les parties nombreuses qui
constituent l'ensemble de l'opération. Or, j'ai pu connaître, par expérience, qu'une instruction dans le genre de
celle que je crois devoir offrir à mes camarades, était
d'un grand secours dans l'exécution du tracé, surtout
aux personnes qui n'ont pas eu lieu de faire des études
sérieuses en géométrie descriptive, ce qui n'est pas
donné à tous les sujets, très habiles du reste, qui sont à
la tête des travaux pratiques, soit dans les arsenaux ma-
ritimes, soit dans la marine marchande.

Lorsqu'en 1829, je fus destiné à donner des leçons de
tracé de plans de bâtiments de mer, aux élèves de l'é-
cole de maistrance du port de Toulon, on me chargea
en outre, d'instruire des Égyptiens que leur gouverne-

ment avant envoyé en France, pour devenir aptes à diriger le tracé et la construction des vaisseaux et que le Ministre de la marine autorisait à suivre les travaux des chantiers et les cours théoriques de l'école. Chargé par M. Vincent, alors ingénieur de la marine, directeur de l'école de maistrance, du soin de diriger ces étrangers dans les études des travaux pratiques et dans l'exécution du tracé à la salle des gabarits, je me vis dans la nécessité, pour qu'il n'oubliassent jamais mes leçons de composer pour eux ce petit traité, après m'être perfectionné dans l'exercice du tracé des divers vaisseaux que je fus chargé de faire construire, sous les ordres de M. Barallier, et qui sont encore aujourd'hui sur les cales du Mourillon. Ce traité, servant dès lors à me diriger moi-même, fut mis à la disposition de mes élèves, et finit par leur être d'une absolue nécessité pour étudier avec fruit. C'est dans ce but qu'en 1837, M. Campaignac le fit imprimer à la lithographie du port, pour le distribuer aux élèves provenant du charpentage et au différents chefs de ce service. Cette édition est épuisée, et depuis 10 ans les nouveaux élèves charpentiers en sont totalement privés, attendu que le personnel peu nombreux de la lithographie maritime suffit à peine au travail ordinaire de l'atelier. Plusieurs fois on a essayé de mettre la main à une nouvelle édition de mon ouvrage; mais comme je l'ai dit, le manque de bras n'a pas encore permis de le reproduire. C'est dans le but d'être utile à mes concitoyens et surtout aux nouveaux élèves charpentiers de l'école de maistrance, que je cède à la demande générale et aux vives sollicitations qui me sont réitérées journellement en faisant imprimer à mes frais, le résultat de mon travail justifié par trente années d'expérience. Je m'estime heureux de pouvoir leur soumettre mes réflexions déduites des applications et des exercices nombreux qui, plus d'une fois ont absorbé mes heures de récréation et a été pour moi l'objet de bien longues veilles.

C'est surtout, pendant que j'étais à faire construire les vaisseaux du Mourillon, que j'eus idée d'apporter des améliorations notables dans l'exécution des diverses parties de la membrure, de l'arrière et de l'avant par l'opération utile du tracé, tant dans l'intérêt de l'État, en égard à la restriction apportée à la dépense du bois, que dans l'intérêt de l'ouvrier, qui économise un temps immense. Ainsi, avant 1830, il n'était question que de représenter sur le plan, les couples de levée et les varangues de remplissage pour le montage en bois tors, ces pièces de membrure, travaillées d'après les équerrages passés selon le sens de la lisse tracée sur le gabarit, tandis que pour la facilité de la main d'œuvre, j'ai préféré les passer normalement à la courbure, ainsi que cela est expliqué dans le cours de l'ouvrage. Pourquoi, me dis-je alors, ne pas tracer de la même manière les couples de remplissage, ainsi que toute la partie boisée de l'avant et de l'arrière ? C'est dans cette intention que je me mis à l'œuvre et parvins, en persévérant dans mon travail, à réaliser le projet que j'avais conçu, par des procédés inusités jusqu'alors ; et, à partir de cette époque, tout le système de membrure se fit à l'aide de gabarits confectionnés d'après le tracé à la salle. Il ne fut donc plus question de travailler les allonges sur les lisses en les superposant continuellement pour les ajuster à tâtons, ce qui occasionnait un énorme dégât de bois. De plus, je parvins, par des moyens analogues, à tracer avec leurs équerrages, les montants de voûte latéraux pour les faire exécuter ensuite à l'aide de leurs gabarits : car, jusqu'alors, ces pièces ne s'étaient ajustées sur place qu'en tâtonnant, et ce n'était même qu'à la longue qu'on parvenait à leur donner la tournure désirable. Je m'occupai encore, par la même raison, du gabariage pour percer avec précision la jaumière du gouvernail.

Jadis, les équerrages d'aboutissement des lisses, étaient tracés presque arbitrairement et donnés par des mesures qui n'étaient obtenues qu'à peu près, attendu qu'on n'était pas encore parvenu à déterminer la véritable pente de cette pièce sur le contour de l'étrave, chose que j'ai eu lieu de développer.

Toutes ces opérations sont exposées dans mon ouvrage. J'ai eu soin d'y annexer une planche qui contient le tracé détaillé d'un vaisseau de 90 bouches à feu, avec légende explicative, figures pour l'assemblage des diverses pièces qui constituent le gabarit, et en particulier celle du tracé de la jaumière ; celles qui se rapportent au moyen de prendre et tracer les équerrages des couples carrés et dévoyés ; enfin, tout ce qui est indispensable de connaître dans le tracé de la coque des bâtiments de mer.

Marc CAPPONI

TRACÉ A LA SALLE

DES BATIMENTS DE MER.

PREMIÈRE PARTIE.

1, Préparation et principe du tracé à la salle.

Le tracé à la salle du plan d'un bâtiment quelconque exige, avant tout, un examen général de l'étendue destinée à ce travail. Cet examen consiste non seulement à distribuer avec ordre les différentes parties qui composent le tracé, mais encore à conserver une place libre et assez spacieuse pour la confection des gabarits.

La ligne représentant le dessus de la quille est la première qu'on trace sur le lieu convenu; à cet effet, on emploie un cordeau blanc, d'un petit diamètre, qu'on fixe sur le plancher par l'une de ses extrémités, et qu'on raidit fortement de l'autre, afin d'obtenir au préalable une ligne droite. On marque sur ce plancher une quantité suffisante de points, du même côté et tout le long du cordeau qu'on enlève immédiatement. On fait passer par tous ces points une droite qui représente, dans plusieurs tracés, le dessus de la quille et l'axe diamétral longitudinal. Vers l'extrémité à droite de cette ligne, on élève par les moyens connus, la perpendiculaire avant, en ayant soin de laisser exclusivement à cette perpendiculaire, la place nécessaire pour l'élancement de l'étrave. A l'autre extrémité à gauche, on élève arbitrairement une deuxième per-

pendiculaire, et sur chacune d'elles on porte, à partir
de la ligne du dessus de la quille une distance égale
à la plus grande hauteur du bâtiment; par ces deux
points et avec le même procédé, on mène une droite
parallèle à la première et qui reçoit comme elle tous
les points de la division des couples.

2. *Division des couples.* (Fig. D.)

La division des couples s'effectue toujours à partir de
la perpendiculaire d'étrave et se termine par celle
d'étambot. Les points de division se marquent sur la
ligne du dessus de la quille et se répètent sur la droite
parallèle menée à la plus grande hauteur du bâtiment.
La division doit être exacte sur les deux lignes, les perpendiculaires étant parallèles entre elles. Les droites
que l'on mène par tous les points de division correspondant sur chaque ligne, représentent quelquefois les
projections horizontales et verticales des couples. On a
soin de les distinguer par l'ordre des chiffres indiqués
sur le devis.

Lorsque la longueur de la salle permet de tracer le
bâtiment dans toute sa longueur, on peut s'assurer si la
distance entre les deux perpendiculaires est celle désignée par le devis. Mais il arrive pour les grands bâtiments, que cette longueur ne suffit pas : on est obligé
alors de diviser le tracé en deux parties, avec l'attention
de prolonger celui de la partie avant, de trois couples au
moins en arrière du maître couple, et réciproquement
pour la partie arrière; ce qui est indispensable, afin
d'obtenir de la régularité dans les contours des courbes
longitudinales.

3. *Tracé de l'étrave.* (Fig. E.)

Après la division des couples, on s'occupe du tracé de l'étrave. Pour y parvenir, on porte sur la perpendiculaire avant et sur l'axe du couple le plus voisin, les points de hauteur de chaque ordonnée, à partir de la ligne du dessus ou du dessous de la quille suivant les données du devis ; par tous ces points on mène des droites qu'on prolonge en dehors de la perpendiculaire, afin de recevoir les points du contour de l'étrave, qui se trouvent en dehors de cette même perpendiculaire. Ces dispositions prises, on tracera une longueur suffisante de la ligne du dessous de la quille pour servir à ce tracé, et sur lequel on marquera la distance de l'élancement de l'étrave en dedans de la perpendiculaire. Ce point sera celui du portant sur terre. On portera de même, en dedans de la perpendiculaire, l'élancement sur quille et on continuera de distribuer sur chacune des ordonnées les points du contour de l'étrave qui leur appartiennent, en dedans ou en dehors de cette perpendiculaire. On fera passer par tous ces points une ligne courbe, que l'on corrigera au besoin sans toutefois abandonner le point du portant sur terre et celui de la flottaison qui doivent rester invariables.

Quelquefois le devis donne le tracé du contour extérieur de l'étrave, ou bien celui du centre de râblure. Dans le premier cas on menerait la ligne du centre de râblure parallèlement au trait extérieur, distante de ce trait de la quantité voulue par le devis ; différemment, ce serait le trait extérieur qu'on tracerait parallèlement au centre. Après ce tracé, on effectue celui du trait intérieur de l'étrave d'après les dimensions, sur le tour, de cette dernière.

4. *Tracé du maître couple.* (Fig. F.)

Le tracé de l'étrave terminé, on passe à celui du maître couple. Pour arriver à ce procédé, on détermine, parmi les projections des couples dans le plan vertical longitudinal, celle qui doit servir d'axe médial latitudinal. On a le soin, à cet effet, de choisir celle qui puisse permettre le tracé du maître couple de manière à éviter les quartiers des lisses de l'avant et de l'arrière, et même les projections des couples dévoyés, si le bâtiment en porte.

L'axe latitudinal fixé, on portera sur la ligne du dessus de la quille, de chaque côté et à partir de cet axe, la plus grande demi-largeur du maître, que l'on répétera sur la ligne parallèle à la quille; on joindra ces points par des droites qui représenteront les perpendiculaires latérales de la demi-largeur du plan vertical latitudinal. Au point d'intersection de l'axe médial avec la ligne du dessus de la quille, on représentera les dimensions et la forme de la quille, avec râblure dans une coupe transversale. Les points du centre de râblure serviront à mener, de chaque côté de l'axe et dans toute sa longueur, deux parallèles qui représenteront ce centre depuis le sommet de l'étrave jusqu'à celui de l'étambot. On portera immédiatement après, sur l'axe latitudinal, ainsi que sur les perpendiculaires latérales, les points de hauteur des horizontales ou ordonnées du maître couple, désignés par le devis, à partir de la ligne du dessus de la quille. Par tous ces points on mènera des droites que l'on indiquera, en commençant par la plus basse. en leur donnant l'ordre ordinaire des nombres 1.2.3. 4. etc. C'est sur ces ordonnées et suivant leurs positions, que l'on porte à partir de l'axe médial les demi-largeurs du maître couple, correspondant à la hauteur de chacune d'elles. Par tout ces points et au moyen d'une latte, on fait passer une courbe que l'on rectifie au besoin, sans quitter les points de demi-largeur au plat-bord, à la flottaison, au dessus de la quille, et celui du fond de râblure.

5. *Position des lisses dans le plan vertical latitudinal.* (Fig. G.)

Les lisses obliques sont celles dont on s'occupe les premières. Les lignes qui représentent la trace verticale de leur plan, passent par deux points dont l'un se trouve sur l'axe latitudinal, et l'autre sur la ligne prolongée du dessus de la quille, ou sur la perpendiculaire latérale. Pour obtenir ces points, on porte à partir du dessus de la quille et sur l'axe latitudinal la hauteur de chacune d'elles, ensuite leur distance à partir de cet axe sur le prolongement du dessus de la quille, et leur hauteur sur les perpendiculaires latérales à partir de ce prolongement. C'est par deux points d'une même lisse que l'on tire la droite qui doit la représenter. Afin d'éviter toute erreur dans la position des lisses, on a le soin de tracer celles de l'avant les premières ou différemment, afin d'éviter la méprise dans les points de l'une et de l'autre partie, qui ne sont pas communs sur l'axe latitudinal. La disposition des lisses obliques doit être telle, que chacune fasse intersection avec une horizontale ou ordonnée au point de la demi-largeur du maître couple. On vérifie en même temps si la demi-largeur oblique sur chaque lisse correspond à la demi-largeur horizontale déjà portée sur chaque ordonnée, ainsi que cela doit être. Après cet examen, on tracera en rouge le contour ou gabariage du maître.

Le tracé des lisses carrées ou de l'œuvre morte, offre un procédé tout différent que celui des lisses obliques. Leur projection verticale se détermine en réunissant les points d'intersection du gabariage de chaque couple avec chacune des horizontales menées à la hauteur donnée par le devis, à partir du dessus de la quille. Ces hauteurs doivent être portées sur l'axe latitudinal et sur chacune des perpendiculaires latérales; on joindra les points correspondants deux à deux et l'on obtiendra les différens groupes d'horizontales appartenant à chaque lisse carrée de l'avant et de l'arrière. On distinguera les lisses entre elles en leur donnant un ordre numérique à partir de la plus basse; ainsi on dira . 1re lisse, 2me lisse, etc., jusqu'à la plus élevée.

6. *Tracé des couples carrés dans le plan vertical latitudinal.* (Fig. H.)

Immédiatement après le tracé des lisses, on marquera sur chacune d'elles, à partir de l'axe latitudinal, les demi-largeurs des couples carrés au moyen d'une règle graduée, en observant que ces demi-largeurs doivent être portées sur les lisses obliques, suivant leur obliquité, et parallèlement à la quille sur chaque horizontale des lisses de l'œuvre morte, correspondant à la hauteur des couples où ces demi-largeurs doivent être portées.

Il est convenable et même d'usage de commencer cette opération par la lisse la plus basse et successivement l'une à la suite de l'autre jusqu'à la plus élevée. Après avoir obtenu ces points pour chacune des parties avant et arrière, et l'une après l'autre, on fixera une latte sur tous les points appartenant à un même couple dont on tracera provisoirement le contour en blanc, après l'avoir convenablement rectifié. On obtiendra, en opérant de cette manière pour tous les couples, leur projection ou gabariage dans le plan vertical latitudinal.

Le contour du gabariage des couples ne peut être entièrement déterminé par tous les points de demi-largeur portés sur les lisses : il est encore nécessaire de connaître celui où chacun d'eux vient aboutir. Ces points d'aboutissement sont communs pour tous les couples dont le pied repose sur la quille ; il n'en est qu'un seul qui est le fond de râblure, et sur lequel on fixe l'extrémité de la latte qui contourne ces couples, en observant de ne point excéder la demi-largeur de la quille à la position de la ligne qui en représente le dessus.

Il n'en est pas de même pour les couples dont le pied repose sur l'étrave ; le moyen de les obtenir exige le procédé suivant :

On prend dans le plan vertical longitudinal, la quantité qui règne entre la ligne du dessus de la quille et le point d'intersection de la projection des couples avec la ligne du fond de râblure de l'étrave ; on porte ces mêmes quantités sur la ligne qui représente le fond de râblure dans le plan vertical latitudinal, à partir du dessus de la quille, et les points qu'on obtient sont précisément ceux où le gabariage des couples qui reposent sur l'étrave vient aboutir

7. *Tracé des barres d'arcasse dans le plan vertical latitudinal.* (**Fig. J.**)

L'extrémité des barres devant être déterminée par la projection au carré de l'estain, on tracera son contour comme celui d'un couple, au moyen des demi-largeurs marquées sur le devis, que l'on portera obliquement sur les lisses obliques et horizontalement sur celles de l'œuvre morte.

A partir de la ligne du dessus de la quille et sur l'axe latitudinal, on portera la hauteur de la ligne droite de la barre d'hourdy et de la barre du pont, pour les bâtiments qui en ont une, celle du can supérieur de la première barre d'écusson et celle du can inférieur du fourcat. On répétera ces hauteurs sur la perpendiculaire latérale, et l'on joindra, par des droites, les points de hauteur appartenant à une même barre. Le tracé des autres barres dont le nombre et les dimensions sont donnés par le devis, s'obtient en divisant l'intervalle compris entre le can supérieur de la première barre d'écusson et celui du fourcat qu'on a soin de tracer. Par tous ces points de division on mène des horizontales, ou parallèles à la quille, que l'on termine au contour de la projection de l'estain. On obtient par ce moyen le can supérieur de chaque barre. Leur can inférieur se détermine par le tracé de leur épaisseur sur le droit, qu'on indique en même temps.

Les barres d'écusson diffèrent sensiblement de la barre d'hourdy et de la barre du pont, en ce qu'elles n'ont pas de bouge vertical, tandis que ces dernières en ont un, dont la quantité varie suivant le rang du bâtiment. Le tracé de ce bouge exige le même procédé pour chacune des deux barres. Nous allons indiquer seulement celui de la barre d'hourdy.

La demi-longueur de cette barre est déterminée par la ligne droite ou la demi-corde de l'arc indiquant le bouge qui va de l'axe latitudinal au contour de la projection de l'estain. On divise cette demi-longueur en autant de parties égales que l'on voudra obtenir de sections verticales longitudinales. Ces points de division seront répétés sur la ligne du dessus de la quille, et leur jonction par des droites donnera la trace verticale du plan de ces sections. C'est sur ces droites que l'on marque la quantité de bouge qui leur convient, après l'avoir déterminée par la construction de la figure du quart-de-nonante, dont la méthode est très connue dans le charpentage. On divise le quart du cercle et l'un des rayons formant l'angle droit, en autant de parties égales qu'il y a de sections ; on joint deux à deux les points de division de l'arc, avec ceux du rayon, par des droites qui représentent la quantité de bouge que l'on doit porter sur chaque section à partir de la ligne ou corde de la barre, en observant de porter la plus grande sur l'axe latitudinal, et suivre leur progression décroissante en allant vers l'extrémité. Par tous ces points on fera passer une courbe qui représentera le can supérieur de la barre d'hourdy. Quand à son can inférieur, comme il lui est parallèle, on l'obtiendra en portant sur chaque section la hauteur verticale désignée par le devis des échantillons des bois.

8. *Tracé des barres d'arcasse dans le plan vertical longitudinal.* (Fig. K.)

Le tracé de l'étambot doit précéder celui des barres, puisqu'on ne saurait déterminer leur vraie position. sans la représentation de cette pièce principale. Ce tracé consiste dans la ligne du fond de ràblure et le trait qui en indique l'extérieur. Le trait du fond de ràblure pour les bàtiments dont l'étambot est d'aplomb sur la quille, est ordinairement représenté par la perpendiculaire arrière, mais pour ceux dont le devis indique une inclinaison appelée quète. il affecte une direction oblique déterminée par la quantité de pente voulue. que l'on porte inclusivement à la perpendiculaire sur la ligne du dessus de la quille, et par le point où il va, à une hauteur désignée, rencontrer cette même perpendiculaire. On porte exclusivement et à partir de ce trait, la largeur longitudinale de l'étambot, et comme cette quantité est la même au pied comme à la tète, il s'ensuit que le dehors de l'étambot est parallèle au fond de ràblure. On indique aussi le contre étambot extérieur, conformément aux dimensions indiquées par le devis.

Après cette opération, on s'occupe du tracé des barres; pour y parvenir, on répète sur la perpendiculaire et sur l'axe du couple le plus voisin, à partir du dessus de la quille, les mêmes points de hauteur que ceux déjà portés dans le plan vertical latitudinal ; par tous ces points on mène des droites qui représentent les projections de leur can supérieur et inférieur, dans le plan vertical longitudinal excepté pour la barre d'hourdy et celle du pont. dont on aura seulement indiqué la projection de leur ligne droite ou corde de leur bouge. Leur tracé exige un détail spécial dont nous allons former un chapitre de cet ouvrage.

9. *Tracé de la barre d'hourdy dans le plan vertical longitudinal.* (Fig. L.)

La ligne droite ou corde du bouge vertical de cette barre en projection verticale longitudinale, représente la hauteur à l'extrémité de sa face supérieure ; il est donc certain qu'à la partie de l'étambot, qui est son milieu, cette même face doit être indiquée par une parallèle à la ligne droite, en dessus de celle-ci, de toute la quantité de bouge vertical. On tracera cette parallèle.

Il est donc convenu que de ces deux lignes, l'une représente la partie la plus élevée, et l'autre la plus abaissée de la face supérieure ; nous n'aurons qu'à porter la chûte ou hauteur verticale de la barre, à partir de chacune d'elles, pour obtenir également la partie la plus haute et la plus basse de la face inférieure. On décrira donc deux droites parallèles aux deux premières. De cette façon nous aurons obtenu la projection de la hauteur ; reste encore celle de la largeur, pour déterminer entièrement la figure.

La barre d'hourdy repose ordinairement par son milieu sur l'arête intérieure de la râblure d'étambot, et, comme elle a aussi un bouge horizontal, elle a également une ligne droite ou corde de ce bouge, dont la projection verticale affecte une direction parallèle à l'arête de la râblure, à une distance de cette dernière, de la quantité du bouge. Cette droite représente la projection de la face extérieure à l'extrémité de la barre, dont le milieu, en projection verticale, est indiqué par l'arête de la râblure où elle vient aboutir. Ce trait joint les deux parallèles qui indiquent le milieu de la barre en projection verticale, l'une à la face supérieure et l'autre à la face inférieure, et la ligne ou corde du bouge horizontal joint les deux autres parallèles, qui désignent l'extrémité aussi en projection verticale. Le point de rencontre de l'arête de la râblure avec le trait qui représente le milieu de la face supérieure, sera joint par une courte oblique au point qui réunit les lignes droites des deux bouges. Cette oblique représentera la longueur de la barre à la face supérieure. De même on joindra aussi par une oblique le point de rencontre de l'arête de la râblure avec le trait qui représente le milieu de la face inférieure à celui où la ligne droite du bouge horizontal rencontre la droite qui indique l'extrémité de la face inférieure. On obtiendra ainsi un parallélogramme qui représentera la hauteur et la longueur de la barre d'hourdy en projection. Nous n'aurons plus qu'à porter, à partir du sommet de chacun des angles du parallélogramme et sur chacune des horizontales qui en dérivent, la largeur sur le tour, joindre ces points deux à deux et de manière à former un parallélogramme égal au premier. Par ce moyen on aura tracé toutes les faces, qui dessineront à l'œil un solide ou parallélipipède de forme cubique. Il ne reste plus qu'à mener par le milieu du parallélogramme extérieur une parallèle à l'un des côtés obliques, pour indiquer la projection du tableau ou ligne de râblure de la barre où toutes les sections verticales longitudinales viennent aboutir. Le tracé de la barre du pont consiste seulement à représenter la hauteur verticale, en suivant le procédé employé pour indiquer celle de la barre d'hourdy.

10 *Tracé horizontal des lisses obliques.* (Fig. M.)

La ligne du dessus de la quille représente, comme il a été dit, l'axe médial, ou la trace du plan diamétral longitudinal. Nous avons aussi annoncé dans le chapitre de la division des couples que les droites qui joignaient les points de division des deux lignes sur lesquelles ils avaient été posés, désignaient quelquefois leur projection horizontale et verticale. Dans ce cas, c'est lorsque le rang du bâtiment ne permet pas de séparer le plan horizontal du plan vertical longitudinal par le défaut d'étendue de la salle. Mais il arrive, pour les bâtiments de rang inférieur que cette séparation est possible. On évite alors par ce moyen la trop grande multiplicité de traits occassionnée par les différens plans, lorsqu'on est forcé de les placer l'un dans l'autre. Dans ce dernier cas, la ligne du dessus de la quille est toujours commune, mais le plan horizontal est alors représenté au côté opposé du vertical longitudinal. On prolonge suffisamment et avec attention la projection verticale de chaque couple dans ce plan, pour obtenir leur projection horizontale qui est indispensable.

Le procédé à suivre pour le tracé des lisses est simple et facile. On prend dans le plan vertical latitudinal les demi-largeurs des couples qu'on a déjà portées sur chaque lisse suivant leur obliquité, ces demi-largeurs se prennent au moyen d'une régle triangulaire qu'on fixe sur l'axe latitudinal, et dont la direction suit celle de la lisse sur laquelle on prend les demi-largeurs de tous les couples qui font intersection avec elle. On porte successivement dans le plan horizontal, sur chaque projection correspondante de couple, les points marqués sur la régle, avec le soin de distinguer ceux qui appartiennent à une même lisse par le chiffre qui sert à la dénommer. Tous ces points ne suffisent pas pour déterminer entièrement leur contour; on doit encore connaître celui où elles viennent aboutir.

Le centre de râblure de l'étrave est précisément le lieu où toutes les lisses de l'avant vont aboutir; et, comme la ligne courbe qui la représente affecte une direction oblique par rapport à celle du dessus de la quille, il s'en suit que chaque lisse a un point d'aboutissement différent. Pour fixer ces points, on prend la hauteur de chaque lisse sur la droite indiquant le fond de râblure à côté de l'axe latitudinal de l'étrave perpendiculairement à la ligne du dessus de la quille; par ces points on mène des horizontales qu'on distingue par le numéro de la lisse que chacune d'elles indique, afin de reconnaître au besoin le point où elle vient aboutir. Parmi tous ces points d'aboutissement, les uns se trouvent en dedans et les autres en dehors de la perpendiculaire: on prend leur distance à cette dernière, qu'on reproduit sur l'axe longitudinal. Par chacun de ces points on mène de courtes perpendiculaires sur lesquelles on porte la quantité oblique de chaque lisse correspondante, comprise entre l'axe latitudinal et la ligne qui représente le fond de râblure. Ces quantités déterminent leur aboutissement. On peut alors décrire leur courbe, au moyen de ces points et de ceux déjà obtenus sur la projection horizontale des couples. On apporte à ce tracé les corrections inévitables et capables d'être supportées par le gabariage des couples dans le plan vertical latitudinal.

Le tracé des lisses de l'avant devra être prolongé, comme il a été dit, de trois couples au moins en arrière du maître; mais il est bon d'observer que les lisses obliques de la partie de l'arrière terminant sur l'axe latitudinal à des points plus élevés que leurs correspondantes de la partie de l'avant, on ne saurait prolonger le tracé de ces dernières, sans égaliser les demi-largeurs du maître couple sur les deux systèmes; ce que l'on effectue en portant les demi-largeurs des lisses de l'avant sur celles de l'arrière, à partir du gabariage du maître : le point que l'on obtient sur chaque lisse indique pour chacune l'axe latitudinal renvoyé. C'est à partir de ces points qu'on prend les demi-largeurs des trois premiers couples de l'arrière qui servent à continuer le tracé des lisses de l'avant. Le tracé des lisses obliques de l'arrière sera aussi prolongé vers l'avant du maître, avec l'attention d'égaliser les demi-largeurs comme il a été indiqué ci-devant; mais différemment, c'est-à-dire que ce seront celles de l'avant que l'on rendra égales à celles de l'arrière et toujours à partir du gabariage du maître couple. Le procédé à suivre pour leur aboutissement à la râblure d'étambot, ne diffère en rien de celui qu'on a suivi pour celles de l'avant à la râblure d'étrave.

11. *Tracé horizontal des lisses carrées ou de l'œuvre morte.* (Fig. X.)

La méthode pour le tracé de ces lisses diffère de celle suivie pour les lisses obliques, en ce que les demi-largeurs des couples sont prises parallèlement à la quille aux points d'intersection de chaque horizontale avec le gabariage des couples. Leur prolongement a aussi lieu, mais sans accorder les demi-largeurs, puisqu'elles sont les mêmes au maître couple pour une même lisse. On détermine le point d'aboutissement de chacune sur l'étrave de la même manière que pour les obliques en les projétant également sur l'axe longitudinal, ou elles terminent leur contour vers l'avant sur une ligne parallèle à cet axe, représentant le centre de râblure du plan vertical latitudinal en projection horizontale. Leur extrémité arrière est indéfinie : on observe seulement de les prolonger suffisamment en dehors de la perpendiculaire, pour aider au tracé des montants latéraux.

Il est convenable de distinguer le tracé de chaque lisse, en répétant à plusieurs parties de leur contour le chiffre qui leur appartient, afin d'éviter la méprise dans les demi-largeurs qu'on a souvent besoin d'y prendre.

12. *Tracé des lignes d'eau* (Fig. 0.)

Ces lignes sont représentées, dans le plan vertical latitudinal par des horizontales menées d'une perpendiculaire latérale à l'autre ; elles mesurent entre elles une distance d'environ un mètre, en prenant pour départ la ligne du dessus quille. On observe, pour la partie de l'arrière, que le can supérieur de chaque barre d'arcasse prolongé, tienne lieu de ligne d'eau, afin d'obtenir des points pour prolonger le tracé de leur gabariage dans le plan horizontal. La ligne d'eau supérieure doit être voisine de la lisse inférieure de l'œuvre morte : il serait inutile d'en placer plus haut, puisque chaque lisse carrée peut être considérée comme telle. Pour obtenir leurs courbes dans le plan horizontal, on procédera comme pour les lisses obliques, c'est-à-dire qu'on prendra, à partir de l'axe latitudinal dans la direction de leur tracé, les points d'intersection de chacune d'elles avec le gabariage des couples. Ces demi-largeurs seront portées dans le plan horizontal, aux positions correspondantes; et l'on décrira leur courbes, qu'on rectifiera convenablement, et de manière à obtenir un parfait raccordement avec celles des lisses.

Leur aboutissement sur l'étrave ou sur l'étambot s'obtient par la méthode qu'on a suivie pour celui des lisses.

13. *Tracé des lisses de l'œuvre morte dans le plan vertical longitudinal. Fig. P.*

Il est convenable de tracer la projection verticale longitudinale de ces lisses, avant de déterminer leur courbe de projection verticale latitudinale. A cet effet, on porte à partir de la ligne du dessus de la quille, la hauteur de chacune d'elles, sur la râblure de l'étrave, ainsi qu'à l'estain et sur la projection de chaque couple. Par tous ces points on fait passer des courbes qu'on prolonge suffisamment vers l'arrière pour le tracé des montants latéraux. On les corrige au besoin, sans s'écarter des points du maître, de l'étrave et de l'estain. Ces courbes tracées, on portera, dans le plan vertical latitudinal, les corrections trouvées, sur les couples qui leur correspondent; on fera passer par ces points et ceux d'intersection des autres couples avec les horizontales déjà menées à la hauteur de chaque lisse, une courbe qui terminera au contour du maître, et à la ligne qui désigne le fond de râblure à côté de l'axe latitudinal; on obtiendra ainsi les projections verticales latitudinales de ces lisses.

14. *Tracé de la projection horizontale de l'estain.* (Fig. Q.)

La trace horizontale du plan de l'estain est déterminée par deux points, donnés par le devis dont l'un se trouve en avant de la perpendiculaire sur l'axe longitudinal, et l'autre à sa plus grande demi-largeur, c'est-à-dire à l'extrémité de la face avant de la barre d'hourdy. Le point qui désigne le pied de l'estain est obtenu, en portant sur l'axe longitudinal la quantité dont il est distant de la perpendiculaire, celui de la tête exige un autre procédé : on porte sur l'axe longitudinal la distance de la perpendiculaire à la tête de l'estain, par ce point on mène une parallèle à la perpendiculaire, sur laquelle on porte la distance ou demi-largeur donnée. On joint ces deux points par une droite qui indique la projection horizontale de l'estain.

Il pourrait arriver que le point de la tête de l'estain ne fût pas désigné par le devis; dans ce cas on pourrait l'obtenir de la manière suivante : par l'extrémité supérieure et intérieure de la barre d'hourdy, dans le plan vertical longitudinal, on mènerait une parallèle à la perpendiculaire, sur laquelle on porterait la demi-largeur de cette barre à partir de l'axe longitudinal; ce point serait précisément celui qui déterminerait la projection horizontale de la tête de l'estain.

15. *Tracé des barres d'arcasse dans le plan horizontal.* (Fig. 8.)

Les sections verticales longitudinales que nous avons représentées en projection dans le plan vertical latitudinal, étant indispensables au tracé horizontal des barres, il est nécessaire de les figurer aussi en projection horizontale, et de déterminer leur courbe dans le plan vertical longitudinal. Pour indiquer leur tracé horizontal, on prendra leur distance à partir de l'axe latitudinal, sur la ligne du dessus de la quille, qu'on répétera sur la perpendiculaire arrière à partir de l'axe longitudinal; par tous ces points on mènera des parallèles à cet axe qu'on prolongera de deux ou trois couples en avant de la projection de l'estain, et qu'on distinguera, en partant de la plus rapprochée de l'axe, par les signes abrégés suivans : v, s, 2. s, 3, s, etc.

Le procédé à suivre pour tracer leurs courbes dans le plan vertical longitudinal exige un plus long détail; et, comme la méthode est la même pour toutes, nous nous bornerons à celui d'une seule qui sera la plus rapprochée de l'axe et par laquelle on commence ordinairement. On prendra dans le plan vertical latitudinal, à partir de la ligne du dessus de la quille, la hauteur perpendiculaire des points où la section rencontre le gabariage de chaque couple, et celui aussi où elle aboutit à la râblure de la barre d'hourdy. Chacune de ces hauteurs sera répétée dans le plan vertical longitudinal sur la projection correspondante des couples, et sur la râblure de la barre d'hourdy par laquelle on mènera une parallèle à la ligne du dessus de la quille. C'est au moyen de tous ces points qu'on tracera la courbe de la section, à laquelle on apportera les corrections nécessaires, mais en observant de ne pas donner lieu à des corrections trop sensibles aux gabariages des couples dans le plan vertical latitudinal.

On continuera ainsi pour toutes les autres et l'on pourra procéder, immédiatement après, au tracé horizontal des barres. Celle d'hourdy est la première dont on s'occupe : elle a, comme nous avons vu, deux bouges, l'un vertical et l'autre horizontal; ce dernier projeté horizontalement indique le gabariage de la barre. Il est nécessaire, pour l'obtenir, de tracer la projection horizontale de la ligne droite; à cet effet, on portera en arrière de la tête de l'estain, la dimension de la barre sur le tour, par ce point on mènera une parallèle à la perpendiculaire qui indiquera cette ligne. On établira un quart-de-nonante d'après la quantité de bouge horizontal, qu'on distribuera sur chaque section à partir de la ligne droite, c'est-à-dire tel qu'on a opéré pour obtenir son bouge dans le plan vertical latitudinal. Par tous ces points on fera passer une courbe qui représentera la projection horizontale du gabariage extérieur et supérieur de la barre d'hourdy. Le tracé intérieur de la même face s'obtient, en portant sur chaque section la largeur sur le tour et en menant ainsi une courbe parallèle au trait extérieur.

Le tracé des autres barres exige un moyen différent: à partir de la perpendiculaire arrière, on prendra les distances horizontales du point de rencontre de chaque section avec la projection verticale longitudinale du can supérieur de chaque barre; on descendra perpendicu-

lairement ces points dans le plan horizontal qu'on répétera sur la projection horizontale des sections correspondantes, toujours à partir de la perpendiculaire.
Reste encore à déterminer le point sur la projection
horizontale de l'estain où le gabariage vient aboutir.
Il est même convenable de prolonger ce gabariage de
quelques couples vers l'avant de cette projection : on
prendra à ce sujet dans le plan vertical latitudinal, les
demi-largeurs de ces couples ainsi que celles de l'estain,
aux lignes d'eau passant par le can supérieur de chaque
barre ; on marquera ces points dans le plan horizontal
sur les couples correspondants, ainsi que sur la projection de l'estain, à partir de l'axe longitudinal, et
carrément à cet axe. Ces points seront une suite de
ceux déjà obtenus au moyen des sections verticales
longitudinales, et à l'aide desquels on tracera le gabariage des barres, en prenant pour point de départ,
la lignes du fond de râblure, qu'on tracera parallèlement à l'axe longitudinal. Si ces traits ne passaient
pas par tous les points, on aurait à corriger les sections
verticales ou les couples auxquels les corrections ap-
partiendraient.

Le gabariage du can inférieur et extérieur de chaque
barre s'obtient en employant le même procédé.

16. *Tracé de l'estain dans le plan vertical
longitudinal. (Fig. T.)*

Ce tracé peut s'exécuter dans le bout de l'allonge de
cornière jusqu'au dessus de la quille, en considérant
l'estain comme un couple dévoyé, ainsi qu'il est d'usage
dans plusieurs tracés : dans ce cas on projette vertica

lement tous les points de rencontre de la projection horizontale de l'arête arrière de ce couple, avec les lignes
d'eau, le gabariage des barres et les lisses de l'œuvre
morte. Pour projeter ces points on prendra leur distance
à la perpendiculaire, que l'on portera aux parties correspondantes dans le plan vertical longitudinal, par
lesquelles on décrira une courbe qui sera la projection verticale longitudinale de cette arête. Si on voulait
n'obtenir que la projection comprise depuis le can inférieur du fourcat d'ouverture jusqu'au can supérieur
de la barre d'hourdy, on projetterait seulement les points
d'intersection des barres avec la projection horizontale
de l'arête arrière de l'estain.

17. *Tracé de l'encôlure des couples et des barres
d'arcasse dans le plan vertical longitudinal.* (Fig. U.)

L'encôlure des couples et des barres est donnée ordinairement par le devis. On porte, à partir de la ligne du
dessus de la quille, sur la projection de chaque couple,
la hauteur de leur encôlure, et la distance à partir du
dehors de l'étambot pour celle de chaque can supérieur des
barres. Reste à désigner les points depuis le couple le plus
avant, jusqu'à l'étrave. On trace, inclusivement au trait
intérieur de l'étrave, les dimensions sur le tour de la
contre-étrave ; ces points seront la continuation de ceux
par lesquels devra passer la courbe de l'encôlure des
couples et des barres, et par suite le lit des marsoins qui
continuent la carlingue sur cette partie de l'avant, jusqu'au dessous de la guirlande du premier pont. Les
marsoins de l'arrière se terminent, pour les vaisseaux,
au can supérieur de la barre du pont ; et au can supé-

rieur de la barre d'hourdy, pour les frégates et autres
bâtiments.

18. *Méthode particulière pour tracer l'encôlure des
couples avec celle du maître seulement.* (Fig. V.)

Pour parvenir à ce procédé, on mène dans le plan
vertical latitudinal, deux parallèles de chaque côté de
l'axe médial, l'une distante de cet axe d'une quantité
égale à la demi-largeur de la carlingue pour servir aux
varangues plates, et l'autre de la demi-largeur du marsoin, pour les varangues acculées et fourcats. On prendra
immédiatement après, au moyen d'un grand compas,
une ouverture égale à la hauteur de l'encôlure de la
varangue du maître. On posera, pour les varangues
plates, l'une des pointes de ce compas sur la parallèle
représentant la demi-largeur de la carlingue ; l'autre
pointe se dirigera normalement vers le gabariage du
couple pour lequel on opérera : on fera monter, et des-
cendre la pointe posée sur la parallèle, jusqu'à ce que
l'autre vienne tangenter le gabariage du couple ; alors
la pointe du compas fixée sur la ligne de demi-largeur
de la carlingue désignera le point de hauteur de l'encôlure de la varangue. On opère de la même manière pour
tous les autres, en observant, pour les varangues acculées et fourcats, de se servir de la ligne qui indique la
demi-largeur du marsoin.

19. *Tracé de l'arête intérieure de la râblure d'étambot
où viennent aboutir les barres d'arcasse.*

Dans le tracé, les barres, fourcats et couples acculés
viennent ordinairement aboutir au fond de la râblure;

mais à l'exécution, il n'en est pas ainsi : les barres, pour l'ordinaire, viennent aboutir à l'arête intérieure de la râblure d'étambot, et les fourcats et couples acculés, sur le système de charpente placé au dessus de la quille qu'on appelle massif. Il est donc indispensable de tracer une ligne qui puisse servir à tous ces différents aboutissements. Pour y parvenir, menons dans le plan vertical latitudinal une parallèle à l'axe médial, distante de cet axe de la demi-largeur sur le droit de l'étambot, pour en représenter une face latérale : considérons cette ligne comme la trace du plan d'une section verticale longitudinale. Prenons, à partir de la ligne du dessus de la quille, la hauteur du point où elle rencontre chaque gabariage de couple; portons ces mêmes hauteurs dans le plan vertical longitudinal, aux couples correspondants sur lesquels nous marquerons un point : afin de décrire entièrement la courbe de cette section, il sera nécessaire d'en déterminer un sur le can supérieur de chaque barre. Traçons, à ce sujet, dans le plan horizontal et parallèlement à l'axe longitudinal, une droite prolongée vers l'avant, et distante de cet axe de la demi-largeur de la quille ou de l'étambot : cette droite indiquera la trace horizontale du plan de la section que nous venons de poser dans le plan vertical latitudinal, elle rencontrera, dans son prolongement et suivant des points, le gabariage de chaque barre. Prenons leur distance à la perpendiculaire d'étambot, et portons la dans le plan vertical longitudinal, sur le can supérieur de la barre qui lui correspond. Par tous ces points et ceux obtenus sur les couples, faisons passer une courbe, la partie à la position des barres, désignera l'arête inté-

rieur de la râblure d'étambot où elles viennent aboutir
dans leur exécution, et l'autre partie représentera le
trait supérieur du massif où les fourcats et couples acculés viennent reposer. Cette dernière partie sera com-
binée jusqu'au dessus de la quille, pour être composée
d'un certain nombre de pièces de dimensions possibles.
On marquera, avant cette distribution, la largeur de
l'étambot, de l'avant à l'arrière, ainsi que celle du
contre-étambot intérieur, d'après leurs dimensions données par le devis des échantillons des bois.

20. *Tracé de l'arête intérieure de la râblure d'étrave.*

Ce procédé est une suite de celui que l'on vient d'employer à la partie de l'arrière. On représente également
la trace verticale et horizontale du plan de la section passant par la face latérale de l'étrave, ainsi que les points
sur la projection verticale longitudinale des couples sur
lesquels doit passer la courbe de cette section. Pour
obtenir ceux depuis le premier couple avant jusqu'au
sommet de l'étrave, on se sert des lignes d'eau (qu'on
tracera à ce sujet dans le plan vertical longitudinal)
ainsi que des lisses carrées. On prend, à partir de la
perpendiculaire, les distances où la section rencontre
chacune d'elles en projection horizontale, que l'on porte
dans le plan vertical longitudinal aux parties correspondantes. Ces points et ceux obtenus sur les couples
déterminent la courbe de l'arête intérieure de la râblure,
dont la partie comprise depuis l'extrémité supérieure de
l'étrave jusqu'à la face avant du premier couple, sert au
gabariage des fourrures d'apôtres, et l'autre partie indique la position où les couples acculés viennent aboutir.

21. *Tracé de l'aboutissement des barres dans le plan horizontal.*

Pour obtenir ces aboutissements, on prendra dans, le plan vertical longitudinal, à partir de la perpendiculaire d'étambot, la distance du point d'intersection, du can supérieur de chaque barre avec le contour de l'arête intérieure de la râblure d'étambot, que l'on portera dans le plan horizontal, à partir de cette même perpendiculaire et sur l'axe longitudinal; par tous ces points on élevera des perpendiculaires jusqu'à la rencontre du gabariage de chaque barre, qui désigneront l'aboutissement de chacune, et dont on se servira pour faire le talon du gabarit.

22. *Tracé des couples dévoyés.* (Fig. X.)

Ces couples se trouvent compris chacun dans un plan perpendiculaire à la quille, mais oblique par rapport au plan diamétral longitudinal. Leur tracé commence, dans le plan horizontal par celui de leur projection qui représente la quantité de leur dévoiement, d'après le relevé porté sur le devis : à défaut, on les dévoie de manière à laisser invariable le point à la lisse du fort, en portant leur pied vers l'avant, pour ceux de l'arrière, et vers l'arrière pour ceux de l'avant, jusqu'à laisser entre eux la distance nécessaire pour placer leurs alonges.

On prend immédiatement, à partir de l'axe longitudinal, les demi-largeurs au carré à chacun des points de rencontre de leur projection avec les lignes d'eau et les lisses carrées, que l'on porte dans le plan vertical latitudinal, sur les correspondantes et à partir de l'axe médial. Par tous ces points on fera passer des courbes qui viendront aboutir à la râblure de la quille, pour les couples de l'arrière et ceux de l'avant qui ne reposent pas sur l'étrave ; on obtiendra ainsi l'axe de projection de chaque couple. Quant à ceux dont le pied repose sur l'étrave. on obtiendra leur aboutissement de la manière suivante : par le point d'intersection de la projection horizontale du couple avec la ligne qui indique le fond de râblure à côté de l'axe longitudinal. on élève une perpendiculaire jusqu'à la rencontre du trait de la râblure de l'étrave ; on prend la hauteur de ce point au dessus de la quille. que l'on porte sur la droite désignant le centre de la râblure dans le plan vertical latitudinal. Ce point, ainsi que tous les autres obtenus de la même manière, seront ceux où viendront aboutir les courbes de projection des axes des couples dévoyés reposant sur l'étrave.

Pour représenter ces courbes dans leur exécution. on prendra dans le plan horizontal. sur les lignes d'eau et les lisses carrées, les demi-largeurs suivant l'obliquité de la projection de chaque couple que l'on portera dans le plan vertical latitudinal aux parties correspondantes. On observera, pour les lisses carrées, de marquer les points de demi-largeur sur des horizontales que l'on mènera par les points d'intersection de la courbure de chaque lisse avec la projection de l'axe de chaque couple.

Les aboutissements d'exécution s'obtiennent en menant de courtes horizontales par les points d'aboutissement des courbes de projection, sur lesquelles on porte. à partir de l'axe latitudinal les distances obliques compri-

ses entre l'axe longitudinal et la ligne du fond de râblure. Par tous ces points et ceux marqués sur les lignes
d'eau et les lisses carrées, on construira les gabarits.

23. *Manière d'obtenir au moyen des lisses obliques le tracé du gabariage d'exécution de l'axe d'un couple dévoyé.*

Le moyen que nous venons d'indiquer pour le tracé
des couples, dévoyés dans le plan vertical latitudinal n'est
pas le seul qui conduise à ce résultat. Les lisses obliques
en fournissent un autre important à connaître et dont
nous allons donner le détail. Pour arriver à ce procédé,
il suffit de démontrer de quelle manière on peut obtenir
un point de l'un de ces couples soit dans le plan vertical
latitudinal soit dans le plan horizontal.

Nous admettrons d'abord, pour plus de simplicité,
que la courbe de la projection du couple est déjà tracée
dans le plan vertical latitudinal. On mène dans ce plan,
par le point de rencontre d'une lisse oblique avec la
courbe de projection du couple, une courte horizontale
ou parallèle à la ligne du dessus de la quille; on prend
ensuite la demi-largeur au carré de ce point d'intersection, à partir de l'axe latitudinal, que l'on porte aussi
carrément dans le plan horizontal, sur la projection correspondante du couple ; par ce point on mène une perpendiculaire à l'axe longitudinal, jusqu'à la rencontre
de la lisse qui correspond à celle sur laquelle on a pris
la demi-largeur; on joint par une droite ce point avec
celui où la projection du couple rencontre l'axe longitudinal. Cette nouvelle droite désignera l'axe renvoyé du
couple, qu'on a soin de marquer sur les gabarits des lis-

ses, au moment de leur confection. On prend, suivant
ce nouvel axe, la demi-largeur de la lisse au point où
celui-ci la rencontre, que l'on porte sur l'axe latitudinal, à partir de celui où la lisse correspondante vient
aboutir, et que l'on dirige sur l'horizontale déjà menée
par le point d'intersection de la lisse avec la courbe de
projection du couple. Le point qu'on obtient sur cette
horizontale, est un de ceux du gabariage de l'axe d'exécution. On a soin de le joindre par une droite au point
d'intersection de la lisse renvoyée que l'on doit graduer
sur les gabarits. On opérera de la même manière pour
tous les autres points en observant qu'ils doivent con-
corder avec ceux obtenus par le moyen des lignes d'eau :
différemment, on corrigerait ou les unes ou les autres,
jusqu'à obtenir le préalable.

24. *Méthode pour déterminer l'encolure d'un couple
dévoyé, dans le plan vertical latitudinal.*

On trace d'abord dans le plan horizontal, à la position
des couples dévoyés, une droite parallèle à l'axe longitudinal, pour indiquer la face latérale de la quille ; on
mène également une parallèle de chaque côté de l'axe
latitudinal, représentant la face latérale de l'étrave ou
de l'étambot dont la dimension sur le droit est le même
que celle de la quille.

L'axe de projection d'un couple dévoyé, dans le plan
horizontal, rencontre l'axe longitudinal et la ligne indiquant la face latérale de la quille, chacune suivant un
point ; par chacun deux on élève une perpendiculaire à
l'axe longitudinal que l'on prolonge jusqu'à la ligne de
l'encolure des couples tracée dans le plan vertical lon-

gitudinal. On prend ces deux différentes hauteurs, à partir du dessus de la quille, on porte celle qui provient de l'axe longitudinal, sur l'axe latitudinal, et celle qui provient de la face latérale de la quille, sur la ligne correspondante aussi dans le même plan. On joint ces deux points par une droite qui désigne la ligne d'encôlure du couple. L'on obtiendra un pareil résultat, en opérant de la même manière pour tous les autres.

25. *Tracé des arêtes des couples dévoyés.*

Le but de ce tracé, comme nous le verrons plus tard, est celui d'obtenir avec justesse et facilité les équerrages de ces couples : ce résultat exige de représenter, dans le plan vertical latitudinal, le contour ou gabariage de leurs arêtes extérieures avant et arrière. On indique d'abord leur projection horizontale, en menant une parallèle de chaque côté de celle de l'axe du couple, distante de cet axe, de la dimension sur le droit des alonges. Au point d'intersection de l'axe longitudinal avec celui des couples, on élève une perpendiculaire à ce dernier, que l'on termine aux deux arêtes. Cette perpendiculaire désigne l'axe longitudinal du couple sur lequel on se fixe pour prendre, suivant l'obliquité des arêtes, les demi-largeurs aux lignes d'eau et aux lisses carrées. On transporte ces demi-largeurs dans le plan vertical latitudinal, sur les parties correspondantes : ce qui produit un nombre de points par lesquels doit passer la courbe qui les représente. Quant à celui de leur aboutissement on mènera pour les couples dont le pied repose sur la quille, une horizontale passant par le fond de la râblure, sur laquelle on portera, à partir de l'axe latitudinal, la quantité comprise depuis le départ de l'arête, jusqu'au point où elle rencontre le trait de la râblure dans le plan horizontal ; ce point sera celui où son contour viendra terminer après avoir passé par ceux déjà obtenus. Quand à celles qui aboutissent sur l'étrave, on suit la méthode donnée pour l'aboutissement de l'axe, en ayant le soin de mener une horizontale par le point de hauteur obtenu sur le trait de la râblure, dans le plan vertical latitudinal, et d'y porter, à partir de l'axe médial, la quantité prise dans le plan horizontal, comme on vient de le dire ci-dessus.

26 *Observation sur les lisses de l'œuvre morte.*

Les lisses ont deux courbures, l'une horizontale et l'autre verticale : cette dernière est cause que les axes des couples gradués sur les gabarits des lisses, dans le plan horizontal, ne seraient pas à leur vraie position, si on ne tâchait d'obvier à cet inconvénient, en opérant de la manière suivante :

On pose dans le plan vertical longitudinal une latte à partir de la perpendiculaire avant ou arrière, de manière à suivre la tonture d'une lisse carrée tracée dans ce plan. On marque exactement sur cette latte tous les axes des couples ; on l'enlève ensuite pour venir la fixer sur la perpendiculaire et à côté de l'axe longitudinal ; le redressement de cette latte occasionne une légère différence entre les axes des couples qui se correspondent.

C'est précisément ceux qui sont marqués sur la latte, que l'on doit graduer sur les gabarits des lisses : car il est conçu que la mise en place de ces lisses les obligeant à reprendre leur courbure, tous les traits des couples ne pourront manquer de reprendre leur vraie position.

Cette opération n'a lieu que pour les lisses carrées.

27. *Tracé intérieur des barres d'arcasse.*

Avant de traiter cette partie, nous serons dans l'obligation de nous occuper de plusieurs autres que nous considérons comme accessoires de celle-ci.

Le tracé intérieur des barres d'arcasse a pour résultat de déterminer leur largeur sur le tour, et comme ces largeurs sont une suite modifiée de celle du maître couple de qui elles dépendent, nous allons indiquer de quelle manière on doit procéder à ce sujet.

Les dimensions sur le tour de la membrure sont données ordinairement par le devis des échantillons des bois du navire que l'on trace. On y trouve la hauteur de l'encôlure de la varangue du maître couple, la largeur sur le tour à l'extrémité de la varangue, celle à la position du fort de largeur du bâtiment et au plat-bord. C'est au moyen de ces quatre dimensions que l'on déduit celle qui convient à la position de chaque lisse. On fixe une latte sur le contour du gabariage du maître dans le plan vertical latitudinal, sur laquelle on marque l'aboutissement au fond de la râblure de la quille, le bout de la varangue, la position du fort et du plat bord, et celle de toutes les lisses en général. L'on retire la latte et on l'aligne sur la droite tracée sur le plancher, sur laquelle on reproduit tous les points qui s'y trouvent marqués. Cette droite représente le développement du maître-couple, dont chacun des points marqués, indique la position des lisses. Par chacun d'eux l'on élève des perpendiculaires que l'on distingue par le numéro de la lisse que chacune d'elles représente. L'on marque sur celles qui indiquent le fond de râblure. le bout de la varangue, le fort et le plat-bord. les dimensions qui leur conviennent d'après la donnée du devis; par tous ces points on trace une ligne bien suivie qui coupe toutes ces perpendiculaires et détermine ainsi la largeur sur le tour du maître couple dans toute son étendue et à la position de chaque lisse. On marquera avec soin toutes ces dimensions sur une buchette en bois à partir de l'une de ses extrémités que l'on taille ordinairement à sifflet, pour éviter la méprise : on répète sur chaque trait de la buchette désignant une de ces dimensions, le nom de la lisse qui l'a produite afin de la porter, à l'époque du gabariage des allonges, aux positions qui leur conviennent.

Les dimensions sur le tour du maître couple étant ainsi déterminées. on pourra, par les moyens que nous allons indiquer. en déduire celles de tous les couples. On prendra la buchette sur laquelle on vient de marquer toutes les dimensions à la position de chaque lisse, et l'on se transportera dans le plan horizontal. sur la projection du couple pour lequel on voudra opérer. Cette projection est rencontrée par toutes les lisses. et forme avec elles des angles qui diffèrent d'autant plus de l'angle droit que les couples se rapprochent des extrémités du bâtiment. On pose la buchette normalement à la lisse par laquelle on commence, en faisant correspondre le trait qui en porte le numéro de manière à venir rencontrer. avec l'extrémité taillée à sifflet, la projection du couple. en la dirigeant vers le milieu du bâtiment. On marque un point à cette rencontre. et l'on pose une autre buchette de manière à la confondre sur la projection du couple en mettant l'extrémité taillée à sifflet sur le point, et marquant sur sa longueur celui de la lisse sur lequel on vient d'opérer. C'est ainsi qu'on obtiendra, en agissant pareillement pour tous les couples et à toutes les lisses, leurs dimensions sur le tour; en observant d'employer une seule buchette pour un même couple, sur laquelle on marquera aussi la hauteur de l'encôlure de la varangue et le numéro du couple auquel elle appartiendra.

Pour arriver au but que nous nous sommes proposé, on tracera dans le plan vertical latitudinal, au moyen de ces buchettes, le gabariage intérieur des couples compris entre le dernier couple carré de l'arrière et l'estain en y comprenant ces deux derniers. A cet effet on portera sur chaque lisse et normalement au trait du gabariage extérieur de chacun d'eux, leurs dimensions sur le tour, par lesquelles on fera passer les courbes de ces nouveaux gabariages, qui serviront à tracer, dans le plan vertical longitudinal, le contour intérieur des sections verticales longitudinales, dont l'extrémité viendra aboutir à la face intérieure de la barre d'hourdy. Pour obtenir ces courbes, on suivra la méthode indiquée pour celles du dehors.

Après ce tracé, on prendra, à partir de la perpendiculaire, la distance du point de rencontre du can supérieur de chaque barre avec ces nouvelles sections, que l'on portera dans le plan horizontal aux sections correspondantes; ce qui produira des points par lesquels devra passer la courbe représentant le trait supérieur et intérieur de chaque barre. Au moyen d'une semblable opération, on obtiendra le trait inférieur de la même face. On pourra déterminer une continuité de points pour le tracé de ces courbes, en prenant dans le plan vertical latitudinal, les demi-largeurs à chacune des lignes d'eau passant par le can supérieur et inférieur des barres, jusqu'à la rencontre du gabariage intérieur des couples que l'on vient de tracer. L'on aura par ce moyen, dans le plan horizontal, le gabariage extérieur et intérieur de la face supérieure de chaque barre, et celui extérieur et intérieur de leur face inférieure.

On marquera, à la position de chaque section longitudinale sur des buchettes préparées, la distance entre les deux gabariages supérieurs, et celle entre les deux inférieurs; ce qui donnera les dimensions sur le tour de chaque barre d'arcasse. On emploiera, comme pour les couples, une seule buchette pour une même barre, dont l'un des côtés contiendra les dimensions de la face supérieure et l'autre celles de la face inférieure, ainsi que leur encôlure.

28. *Tracé des fourrures d'apôtres et des allonges d'écubiers.* (fig. Y.)

Les fourrures d'apôtres étant des pièces mises en contact avec les faces latérales de l'étrave, et de manière à suivre, par leur contour extérieur, l'arête intérieure de la râblure, depuis le sommet de l'étrave jusqu'à la rencontre du dernier couple avant, il s'ensuit que cette arête n'est autre chose que leur gabariage extérieur. La dimension sur le droit de ces pièces donne, pour la face opposée, un autre gabariage extérieur qui est celui des apôtres. (Pièces qui viennent se coller à côté des fourrures d'apôtres dans toute leur étendue.) Pour obtenir le gabariage de ces dernières, on trace dans le plan horizontal la dimension sur le droit des fourrures d'apôtres parallèlement à l'axe longitudinal et à côté de la ligne représentant la face latérale de l'étrave. Cette droite rencontre les lisses carrées et les lignes d'eau, chacune suivant un point, par lequel on prend la distance à la perpendiculaire et que l'on porte dans le plan vertical longitudinal aux parties correspondantes, toujours à partir de la perpendiculaire. Par tous ces points on fait passer une courbe qui indique le gabariage extérieur de la face avant des apôtres.

La distance qui existe entre ces dernières pièces et la face avant du dernier couple, constitue un boisé qu'on désigne par allonges d'écubiers. La distribution de ce boisé se fait en divisant le contour horizontal de la lisse située à la hauteur du plat-bord, en autant de parties qu'il y a de fois la dimension sur le droit des allonges des couples, en observant de conserver à cette position une maille, entre les allonges, de huit centimètres environ. Le plan de chaque allonge vient aboutir directement sur la face avant du dernier couple où il n'existe pas de maille. Leur épaisseur sur le droit à cette position doit être les trois quarts de celle donnée à leur sommité. Cette distribution que l'on fait d'abord dans le plan horizontal, fournit les moyens d'obtenir le contour de projection et d'exécution de la face avant de chaque allonge dans le plan vertical longitudinal; cette face sera par conséquent celle de leur gabariage. Occupons nous d'abord de leur projection.

Nous venons de dire que le pied de ces allonges aboutissait sur la face avant du dernier couple, il deviendra donc indispensable de déterminer la projection verticale longitudinale de cette face, afin d'y projeter tous ces aboutissements. A cet effet on prendra, à partir de la perpendiculaire avant, la distance des points d'intersection de chaque ligne d'eau et lisse carrée avec l'arête avant du couple ; l'on portera ces points dans le plan vertical longitudinal, aux positions correspondantes, par lesquels on décrira une courbe qui sera celle de la projection verticale longitudinale de cette arête. La projection des allonges d'écubiers dans ce plan s'obtiendra en opérant de la même manière. Mais voici comment on procèdera pour obtenir leur courbe d'exécution : par tous les points d'aboutissement de la projection du plan de ces allonges sur celle de l'arête avant du dernier couple, dans le plan vertical longitudinal, on élèvera des perpendiculaires. On prendra dans le plan horizontal, suivant l'obliquité de leur projection, à partir de leur pied, les demi-largeurs à chaque ligne d'eau et lisse carrée, que l'on portera dans le plan vertical longitudinal, sur les parties correspondantes et à partir de la verticale ou perpendiculaire élevée par le point d'aboutissement de chaque allonge. Par tous ces points on décrira des courbes qui seront celles d'exécution, et sur lesquelles on construira les gabarits.

29. *Tracé des montants de poupe latéraux et intermédiaires.* (Fig. Z.)

Jusqu'ici le tracé de cette partie n'avait point encore été mis en usage, c'était à la pratique de l'exécution seulement, qu'était dûe la confection de ce travail. Après le montage des couples, l'on indiquait la position des montants intermédiaires sur la barre d'hourdy et sur le bor-

dage inférieur du tableau mis en place pour désigner
et figurer la position de l'angle de la crête. Les équerrages et les gabarits étaient prélevés en place et employés
aux travail de ces pièces.

Cette manière d'agir qui m'avait toujours paru assez
pénible et incapable de procurer un juste résultat du premier coup, principalement pour les montants latéraux
dont la variété de forme ne permettait la réussite de leur
mise en place, qu'après plusieurs reprises, me fit envisa-
ger que l'on pourrait opérer avec beaucoup plus de facilité et d'exatitude, en aidant ce travail par le secours du
tracé. Je m'appuyai à ce sujet, sur des notions mathéma-
tiques, et je conçus clairement, que la Géométrie descriptive me fournirait les moyens d'arriver avec certitude
à un résultat infaillible. Je résolus donc d'en faire une
application au premier tracé qui se présenterait, et j'eus
bientôt l'occasion de l'employer avec une entière satisfaction à celui des premiers vaisseaux construits sur les
cales du Mourillon. D'après l'expérience de ce succès,
j'ai cru devoir donner ici, avec une entière assurance,
le procédé que j'ai employé à ce travail, afin de le mettre
à la connaissance de ceux qui voudront en faire usage.
Nous traiterons d'abord les montants latéraux : les
intermédiaires feront suite.

Le devis du tracé désigne ordinairement, dans le plan
vertical longitudinal, la saillie et la hauteur de l'angle
de la voûte au milieu et en abord, à partir de la ligne droite
de la barre d'hourdy ; et la hauteur et la saillie du tableau
aussi au milieu et en abord, à partir de la ligne droite de
l'angle de la voûte, ce qui produit deux traits dont le plus
en arrière de la perpendiculaire représente la projection

du montant du milieu, et l'autre la projection du montant latéral. Cette différence de projection provient du bouge horizontal de l'angle de la voûte.

Le montant latéral rencontre, dans sa projection verticale longitudinale, toutes les lisses de l'œuvre morte déjà prolongées à ce sujet. L'on prend horizontalement la distance de tous ces points d'intersection à la perpendiculaire, que l'on répète en projection horizontale sur l'axe longitudinal, et par lesquels on mène des parallèles à la perpendiculaire, jusqu'à la rencontre des contours des lisses auxquelles elles appartiennent. C'est par tous ces points de rencontre que doit passer la courbe de projection horizontale du montant latéral, après avoir obtenu celui où elle aboutit sur la barre d'hourdy. Pour représenter cette même projection dans le plan vertical latitudinal, on prend dans le plan vertical longitudinal, à partir du dessus de la quille, la hauteur des points d'intersection de la projection du montant, avec chacune des lisses de l'œuvre morte, que l'on porte sur l'axe latitudinal, et par lesquels on mène des horizontales ou parallèles à la ligne du dessus quille. On portera sur ces horizontales les demi-largeurs prises dans le plan horizontal, aux points d'intersection des lisses de l'œuvre morte avec la projection horizontale du montant. Tous ces points appartiendront à la projection verticale latitudinale de la courbe que l'on veut obtenir; reste pour la déterminer entièrement de fixer le point où elle aboutit sur le tableau ou râblure de la barre d'hourdy. On mènera à cet effet, dans le plan vertical longitudinal, une horizontale passant par l'extrémité inférieure du trait qui indique la râblure de la barre en projection dans ce plan : on prendra la hauteur

au-dessus de la quille, que l'on portera sur l'axe latitudinal ; on mènera par ce point une autre horizontale que
l'on prolongera jusqu'à la perpendiculaire latérale, et sur
laquelle on prendra, à partir de l'axe, les demi-largeurs
des couples qu'elle rencontrera, ainsi que celle de l'estain. On portera ces demi-largeurs dans le plan horizontal sur chaque couple correspondant, par lesquelles on
fera passer une courbe qui rencontrera suivant un point
le trait extérieur du gabariage de cette barre, pour lequel
on prendra la demi-longueur à l'axe longitudinal, que l'on
portera sur l'horizontale menée dans le plan vertical latitudinal, et à partir de l'axe médial. Ce point sera précisément
celui où la projection verticale latitudinale du montant
viendra aboutir, en la décrivant par ceux déjà obtenus ;
c'est au moyen des projections que nous venons d'obtenir que l'on parvient à déterminer, dans le plan vertical
latitudinal, la courbe d'exécution sur laquelle se construit le gabarit. Nous allons expliquer de quelle manière
on procède pour arriver à ce résultat.

Par tous les points d'intersection des lisses de l'œuvre
morte avec la projection verticale latitudinale du montant,
on mènera vers le haut des parallèles à l'axe latitudinal.
On prendra ensuite dans le plan vertical longitudinal la
distance à partir de la râblure de la barre d'hourdy jusqu'à
l'angle de la voûte et suivant l'inclinaison du montant
latéral, que l'on portera sur l'axe latitudinal, à partir de
l'horizontale menée par la râblure de la barre d'hourdy ; on
mènera par ce point une parallèle à cette horizontale, qui
indiquera la ligne droite de l'angle de la voûte dans son
rabattement. Pour obtenir le bouge vertical de cet angle,
on prendra dans le plan vertical longitudinal la distance

de la râblure de la barre d'hourdy à l'angle de la voûte,
mais sur le montant du milieu, et suivant la pente. On
portera cette distance sur l'axe latitudinal, à partir de la
même horizontale, ce qui produira un point plus élevé
que celui de la ligne droite de l'angle de la voûte. C'est
sur cette différence de hauteur, que l'on construira la figure du quart-de-nonante, pour obtenir le bouge rabattu
de cet angle, que l'on tracera aussitôt. On prendra ensuite dans le plan vertical longitudinal, suivant l'inclinaison du montant latéral et à partir de son pied, la distance aux points où il est rencontré par les lisses de l'œuvre morte qui se trouvent à cette position, ainsi que celle
où les lisses supérieures rencontrent l'allonge de tableau
du même montant, mais à partir de la ligne droite de l'angle de la voûte et suivant l'inclinaison de l'allonge : on
portera les points de l'une et de l'autre partie dans le plan
vertical latitudinal, sur les droites correspondantes menées parallèlement à l'axe latitudinal et à partir des points
qui correspondent à ceux sur lesquels on s'est fixé dans
le plan vertical longitudinal pour prendre ces distances,
et au moyen desquels on fera passer une courbe, sur laquelle on construira le gabarit qui servira à travailler la
face latérale extérieure du montant ainsi que de l'allonge
de tableau. Ce gabarit sera divisé en deux pièces : la première comprendra la distance du point d'aboutissement
sur la râblure de la barre d'hourdy jusqu'à l'angle de la
voûte, qui servira au gabariage du montant, et l'autre
partie, pour celui de l'allonge du tableau, comprendra la
distance depuis l'angle de la voûte jusqu'à la lisse du plat-
bord de la dunette. On aura le soin de marquer sur ces
gabarits toutes les hauteurs des lisses, une droite verti-

cale pour servir de guide à l'entaille du pied sur la barre d'hourdy et une autre droite dans le sens de leur longeur, qui leur soit commune, afin de les raccorder, au moment du gabariage et de l'assemblage du montant avec son allonge.

Le gabarit de quête se confectionne, dans le plan vertical longitudinal, sur le trait indiquant la projection du même montant en ayant le soin d'y graduer aussi toutes les positions des lisses.

Le tracé des montants intermédiaires exige un procédé différent, en ce que chacun d'eux se trouve dans un plan perpendiculaire au plan horizontal et parallèle au plan diamétral longitudinal : d'après cela, il suffit de déterminer leur projection verticale longitudinale, pour avoir leur vrai et seul gabariage.

Nous avons déterminé, dans le plan horizontal, la projection du montant latéral au moyen des points de rencontre de chaque lisse de l'œuvre morte, tracée dans ce plan, avec les droites qui mesurent leurs demi-largeurs à l'axe longitudinal. Chacune de ces droites peut être considérée comme soutendante de l'arc ou bouge horizontal du tableau ; nous pourrons donc, sur chacune d'elles, tracer ce bouge, d'après la position des lisses, avec lesquelles elles correspondent dans le plan vertical longitudinal. Prenons donc dans ce plan et à chaque lisse la distance horizontale comprise entre le trait de l'allonge latérale de tableau et celui de l'allonge du milieu, et portons-les sur l'axe longitudinal, exclusivement à chacune des droites qui leur correspond. C'est sur ces quantités que l'on tracera le bouge horizontal du tableau qui conviendra à chaque lisse. Ce bouge sera d'autant plus petit que les lisses seront plus élevées.

cause de la dimension de largeur vers le haut du bâtiment. On déterminera par un semblable procédé le bouge horizontal de l'angle de la voûte en projetant horizontalement sa ligne droite, d'après sa distance à la perpendiculaire dans le plan vertical longitudinal.

La distribution des montants sera faite par les deux faces latérales de chacun, sur la projection horizontale de la ligne droite de la barre d'hourdy, en se conformant aux dispositions des sabords de retraite. Par tous ces points et vers l'arrière du bâtiment, on mènera des parallèles à l'axe longitudinal, qui représenteront la projection horizontale des montants et des allonges de tableau, si ces dernières sont dans l'alignement des montants; différemment on les indiquerait suivant leur disposition. Le trait du gabariage de chaque montant sera indiqué autant que possible par le côté faisant façade de sabord. On projettera sur la râblure de la barre d'hourdy et sur l'angle de la voûte dans le plan vertical longitudinal, la position de tous ces gabariages, en prenant leur distance à la perpendiculaire; on joindra les points correspondants deux à deux par des droites qui désigneront le trait de gabariage de chaque montant. On portera également sur la lisse la plus élevée, les points ou chaque allonge de tableau rencontre la projection horizontale de cette lisse; en prenant leur distance à la perpendiculaire, l'on joindra ces points avec ceux de l'angle de la voûte et l'on obtiendra le trait de gabariage de ces allonges.

La distribution des montants et allonges de tableau, faite dans le plan horizontal, devra être disposée de la même manière dans le plan vertical latitudinal.

Les gabarits se construiront dans le plan vertical longitudinal, en observant de graduer sur chacun d'eux, la position des lisses, celle de l'angle de la voûte et de les distinguer par le numéro du montant que chacun d'eux désignera.

30. *Tracé des balances pour l'assemblage symétrique des gabarits de varangues* (fig. **A'**.)

Ce tracé doit être fait sur une partie libre de la salle sur laquelle on tire une ligne droite représentant le dessus de la quille. Vers le milieu de cette droite, on élève une perpendiculaire que l'on considère comme axe latitudinal. Sur ces deux lignes, on détermine, par les moyens connus la position des lisses qui se trouvent sur la varangue. Admettons que ce soit des lisses de l'arrière dont nous nous occupons : on les tracera d'une manière rigoureusement symétrique de chaque côté du nouvel axe latitudinal, et on portera soigneusement sur chacune d'elles les demi-largeurs des couples, prises dans le plan vertical latitudinal, à celles qui leur correspondent, en observant de distinguer les points appartenant à un même couple. On marquera aussi la hauteur de l'encôlure de chaque varangue avec la précaution de les numéroter convenablement. On emploiera le même procédé pour la partie de l'avant.

31. *Tracé des balances pour l'assemblage des gabarits des barres d'arcasse.* (fig. **B'**.)

On tracera exclusivement au tracé du navire, une ligne droite indéfinie que l'on considérera comme celle de la barre d'hourdy, en projection horizontale. Par un point pris sur son milieu on élévera une perpendiculaire qui indiquera l'axe longitudinal, et à côté duquel on mènera convenablement aux dimensions de l'étambot, deux parallèles pour en représenter les faces latérales. On prendra dans le plan horizontal et sur l'axe longitudinal, la distance à partir de la ligne droite de la barre d'hourdy, au point de rencontre de cet axe avec la projection de l'estain, que l'on portera dans le tracé des balances, aux parties correspondantes ; ce qui donnera le point de projection du pied de l'estain. On marquera également, dans ce plan et de chaque côté de l'axe, la demi-largeur de la barre d'hourdy prise dans le plan horizontal suivant sa ligne droite ; on joindra ces points avec celui déjà porté pour le pied, ce qui produira la projection dans une position correspondante à celle qu'elle affecte dans le plan horizontal.

On figurera aussi, dans ce tracé particulier, la position des sections verticales longitudinales, prises dans le plan horizontal. On portera sur ces sections à partir de la ligne droite de la barre d'hourdy, les distances de cette ligne à chacun des points du gabariage extérieur et supérieur de chaque barre. On marquera également leur point d'aboutissement sur la ligne qui représente la projection horizontale de l'estain, en prenant les distances à l'axe longitudinal suivant l'obliquité de cette projection. Ces points doivent être marqués d'une manière très symétrique de chaque côté de l'axe, en les distinguant par des chiffres relatifs aux barres auxquelles ils appartiennent.

32. *Tracé de la ligne du pont.*

Le devis donne ordinairement le creux du bâtiment

au maître couple, à l'étambot et à l'étrave, à partir du dessus de la quille : ces trois positions suffisent seules pour déterminer toutes les autres, et par suite le tracé de la ligne longitudinale du pont en abord, où toutes les arêtes supérieures des baux viennent aboutir.

Pour parvenir à ce résultat, on fixe d'abord dans le plan vertical longitudinal, et à leurs positions respectives, les creux donnés par le devis. On compare celui porté sur le maître couple avec celui porté sur l'étrave. Avec un rayon égal à la différence trouvée ; on décrit un quart de cercle, que l'on divise en autant d'ordonnées qu'il y a de couples de levée compris entre les deux parties mises en comparaison : la division de ces ordonnées se fait seulement sur l'un des rayons du quart de cercle, sur lequel on élève des perpendiculaires prolongées jusqu'à la rencontre de l'arc. Chacune de ces perpendiculaires représentera la quantité en plus que l'on ajoutera avec le creux désigné au maître couple ; ce qui produira celui qui convient à chaque couple de levée : ces creux seront entre eux dans une progression croissante en allant du maître à l'étrave. On portera leur hauteur à partir de la ligne du dessus de la quille sur la projection du couple qui leur correspond et sur lequel on marquera un point. L'on comparera également le creux du maître avec celui de l'étambot, et au moyen de la différence trouvée on déterminera celui sur la projection de chaque couple de levée de la partie de l'arrière, en suivant une marche analogue à celle détaillée ci-dessus. Par ces derniers points et ceux obtenus sur les couples de la partie de l'avant, on décrira une courbe que l'on rectifiera convenablement, sans s'écarter des points donnés par le devis; l'on obtiendra ainsi la ligne réprésentant la tonture du pont en abord.

Il arrive assez souvent, lors de l'exécution, que les règles mises à la hauteur des points du pont, reproduits sur le gabariage intérieur des couples, laissent apercevoir aux extrémités du bâtiment, surtout vers l'avant, une chûte assez sensible qu'on est obligé de corriger afin d'éviter l'affaissement du pont à ces positions. Cet inconvénient, causé sans doute par les formes rondes du bâtiment à ces parties, peut être remédié par le secours du tracé, en déterminant l'alignement du pont sur le plan diamétral longitudinal.

Le procédé à suivre dans cette opération est celui de tracer d'abord le bouge du maître bau donné par le devis. On tire à ce sujet, dans un lieu particulier de la salle, une ligne droite égale à la demi-largeur du bâtiment, prise dans le plan vertical latitudinal sur le gabariage intérieur du maître couple, à la hauteur de la ligne du pont. Par l'une de ces extrémités, on élèvera une perpendiculaire égale à la quantité du bouge donné, sur laquelle on construit la figure du quart-de-nonante. On élève ensuite autant de perpendiculaires sur la ligne de demi-largeur, qu'il y a d'ordonnées dans le quart du cercle, on porte sur chacune d'elles le bouge qui leur convient, et par tous ces points, on décrit une courbe qui indique le bouge du maître bau, depuis le gabariage intérieur du maître couple jusqu'au milieu du bâtiment. On marquera sur le gabariage de chaque couple dans le plan vertical latitudinal, la hauteur de la ligne du pont prise dans le plan vertical longitudinal; par chacun de ces points on mènera une parallèle à la quille , sur laquelle on marquera l'intérieur des couples au moyen des buchettes qui renferment leurs dimensions sur le tour : on prendra , à partir de ces points, les demi-largeurs horizontales sur l'axe latitudinal , que l'on comparera avec celle prise au maître couple et qui sert de ligne droite au bouge du maître bau. On marquera leur longueur sur cette dernière , à partir de la perpendiculaire représentant la flèche du bouge total au milieu du bâtiment; par tous ces points on élévera de nouvelles perpendiculaires jusqu'à la rencontre de ce bouge. On prendra la longueur de chacune d'elles avec un compas , que l'on retranchera du bouge total ; on prendra successivement l'excès de ce dernier, que l'on portera dans le plan vertical longitudinal , sur les couples correspondants , à partir de la ligne du pont vers le haut du bâtiment. On marquera aussi la quantité qui convient au maître couple ; et par tous ces points on décrira une courbe longitudinale sur laquelle on apportera les corrections exigées par les défauts que l'on pourra y reconnaître : ces corrections devront se répéter aux mêmes positions sur la ligne du pont en abord, qui d'après cela méritait d'être rectifiée. Par ce moyen on obtiendra un alignement de pont bien suivi, et sur lequel on n'aura que les petits défauts occasionés par l'affaissement des couples à corriger.

33. *Tracé de la jaumière du gouvernail.* (fig. C.)

On représente dans le plan horizontal la projection de la tête de l'étambot et du contre étambot extérieur. On indique ensuite celle du gouvernail avec la ferrure la plus elevée, dans une position longitudinale et dans celle formant un angle de trente-cinq degrés avec l'axe longitudinal. L'ouverture de la jaumière doit être disposée de manière à laisser une distance de douze à quatorze centimètres vers l'arrière du gouvernail, pour le recul des ferrures, au moment de la mise en place ou de son enlèvement, et une de cinq à six centimètres de chaque côté pour faciliter son mouvement de rotation. On marque ces points, et au moyen des deux diamètres on construit l'ellipse qui représente la jaumière en projection horizontale. On projette le diamètre longitudinal dans le plan vertical longitudinal sur le trait du montant de poupe du milieu du bâtiment, en prenant les distances à la perpendiculaire; ce qui donne la projection dans ce plan. Ayant ainsi les deux projections, on peut au moyen de la géométrie descriptive obtenir la vraie courbe, soit dans le plan horizontal, soit dans le plan vertical. Dans ce dernier, on imagine que le plan dans lequel est situé cette projection, tourne jusqu'à ce qu'il soit parallèle au plan vertical; on détermine alors par les moyens connus, les points de la courbe sur laquelle on construit le gabarit d'exécution, que l'on trace extérieurement au bâtiment, au moment de l'ouverture de la jaumière, suivant l'inclinaison de la voûte. On construira également un gabarit sur la projection horizontale, pour servir à marquer l'intérieur, en le tenant dans un plan parallèle à la quille. Ce dernier gabarit pourra être introduit dans l'ouverture de la jaumière, pour servir de guide au moment de l'exécution, en le conservant toujours dans la même position.

Après ce dernier tracé, on fait ordinairement un relevé précis de toutes les parties du plan, nécessaire à constituer un nouveau devis. L'on doit également prendre des annotations partout où on le jugera nécessaire à l'utilité de la construction du bâtiment, afin d'être prémuni contre toute erreur commise sur les gabarits, ouvertures etc. Ce dernier relevé est d'une très grande utilité, soit pour agir avec certitude et satisfaction, comme pour être précautionné de ce qu'on ne pourrait avoir, après la disparition du tracé.

DEUXIÈME PARTIE.

34. *Équerrages des couples carrés.* (fig. E.)

Le relevé du plan terminé, l'on s'occupe de prendre les équerrages de toutes les parties composant le boisage de la coque, afin de travailler chacune des pièces qui la composent, convenablement à la position qu'elles doivent occuper au moment de l'exécution.

On commence ordinairement par les équerrages des couples carrés, et comme chaque couple se compose de deux plans, l'on s'occupe d'abord de ceux du premier, qui est désigné par la position de la varangue. On prend avec une fausse équerre, dont on dirige l'un des côtés suivant la projection horizontale du couple, l'angle intérieur formé par cette projection avec le contour de la lisse. Ces équerrages sont en *gras* (*), lorsque la varan-

---

(*) Cette expression des équerrages *en gras* et *en maigre* est déduite de la pratique, et je l'emploie ici pour désigner des angles obtus et aigus.

gue est située dans le plan du couple le plus rapproché du maître, et ils sont en *maigre* lorsqu'elle se trouve au côté opposé. On marque ces équerrages sur de grandes tablettes, en distinguant ceux qui appartiennent à un même couple, par le numéro qui lui appartient. Les équerrages du deuxième plan de tous les couples, dont la différence avec l'équerre n'est pas trop sensible, se déduisent de ceux du premier plan, en prenant l'angle supplémentaire de chacun d'eux ; mais pour les couples situés à une position où le contour des lisses est plus arrondi, on prend alors les équerrages de leur deuxième plan comme on a pris ceux du premier, mais du côté opposé, en se servant toujours de l'axe de projection du couple. Ces équerrages sont indispensables pour les couples qui se rapprochent des façons du bâtiment ; car on ne saurait considérer la portion de lisse sur chacun de ces couples, comme une ligne droite : il suit de là que les deux équerrages ne sauraient être supplément l'un de l'autre, et que si on les employait à ces positions, la lisse ne pourrait s'appliquer sur le couple au moment de l'exécution.

Outre les équerrages des allonges, il est encore nécessaire de marquer sur les tablettes celui de l'encôlure de chaque varangue ; pour l'obtenir, on prend avec la fausse équerre dans le plan vertical longitudinal, l'angle formé par la projection du couple avec la ligne d'encôlure ou lit de la carlingue, déjà tracée dans ce plan, et dont l'ouverture est dirigée vers le côté de la varangue. On doit observer ici que lorsque les équerrages des allonges du premier plan sont en gras, celui de l'encôlure est en maigre, et que lorsque les premiers sont en maigre, ces derniers sont en gras. Cette règle est générale pour tous les couples, à cause de la position de la varangue.

35. *Méthode particulière pour prendre les équerrages des couples carrés, (fig. F.)*

On construit à ce sujet une équerre en bois, en forme de croix, de manière que chacune des branches du croisillon ait pour longueur une quantité égale à l'épaisseur sur le droit des allonges à partir de l'une des arêtes de la tige.

On posera toujours cette même arête dans le plan horizontal, de manière à ce qu'elle vienne s'appliquer sur la projection horizontale du couple pour lequel on opérera, en dirigeant la tige vers le milieu du bâtiment, et en mettant le sommet de l'angle droit au point d'intersection de la lisse avec la projection de l'axe du couple. L'équerre ainsi posée, il s'ensuivra que, si la lisse ne forme pas un angle droit avec la projection du couple, les extrémités des branches, seront écartées de la lisse, de toute la quantité en plus ou en moins que cet angle surpasse ou est surpassé de l'angle droit. On prend cette quantité avec un compas, que l'on porte sur la lisse correspondante dans le plan vertical latitudinal, en dehors du gabariage du couple pour lequel on opère, si c'est avec le gras; et en dedans, si c'est avec le maigre, mais suivant l'obliquité de la lisse : on marque ce point, et l'on prend avec le compas, la normale comprise entre ce point et le gabariage du couple. Une tablette ayant pour largeur l'épaisseur sur le droit des allonges et sur laquelle on élève une perpendiculaire à l'un des côtés, sert à recevoir ces quantités que l'on porte en dessus pour le gras et en dessous pour le maigre, à l'une des extrémités de la perpendiculaire. On prend ces nouveaux équerrages avec une fausse équerre que l'on produit sur d'autres tablettes destinées à cet usage. On obtient par ce moyen les équerrages de tous les couples carrés qui diffèrent des autres en ce que ces derniers sont passés normalement à l'arête du gabariage de chaque allonge, à la position des lisses, et les autres sont passés suivant le trait de ces lisses marqué sur les allonges. Cette méthode offre beaucoup plus de facilité et de justesse au moment de l'exécution.

36. *Équerrages des couples dévoyés.* (Fig. G'.)

On pourrait prendre ces équerrages dans le plan horizontal, comme ceux des couples carrés, en plaçant l'une des branches de la fausse équerre sur la projection de l'axe renvoyé du couple, et l'autre suivant le contour de la lisse ; mais une méthode beaucoup plus exacte et que l'on doit à M. Barrallier, sous-directeur du Génie Maritime de ce port, a été adoptée préférablement à la première. Ce procédé, aussi simple qu'excellent, se réduit à prendre avec un compas, la quantité normale qui existe entre l'axe d'exécution du couple et chacune des arêtes dans le plan vertical latitudinal, à la position de chaque lisse. On porte ces quantités sur une tablette où l'on a élevé une perpendiculaire et sur laquelle on opère comme il vient d'être dit dans le chapitre précédent. On obtient ainsi les équerrages pour les deux plans de tous les couples dévoyés, à la position de chaque lisse, et que l'on passe normalement à l'arête du gabariage de chaque allonge lors de l'exécution. On a le soin de distinguer

les équerrages appartenant à un même couple, comme
il a été dit pour ceux des couples carrés. L'équerrage
de l'encôlure et celui de l'axe de la varangue doivent
aussi figurer sur les tablettes à côté de ceux du couple
auquel ils appartiennent. Pour obtenir l'équerrage de
l'encôlure de la varangue, on élève une perpendiculaire
dans le plan horizontal, au point d'intersection de la
projection de l'axe du couple avec l'axe longitudinal,
que l'on prolonge jusqu'à la ligne d'encôlure dans le
plan vertical longitudinal ; l'angle que forme cette dernière avec la perpendiculaire, du côté de la varangue,
est celui que l'on prend avec une fausse équerre et que
l'on reproduit sur les tablettes, en le distinguant par la
dénomination qui lui convient. L'équerrage de l'axe de
la varangue est l'angle obtus que forme l'axe de projection du couple avec l'axe longitudinal.

Les équerrages de l'estain se prennent de la même
manière que ceux des couples dévoyés; car il arrive
dans plusieurs tracés qu'on le considère comme tel.

37, *Équerrages des barres d'arcasse.* (Fig. J'.)

Ces équerrages se prennent dans le plan vertical longitudinal. Ils sont représentés par les angles que forment
les cans supérieurs des barres avec les sections verticales
longitudinales. On place la fausse équerre, pour ceux du
gabariage extérieur, en mettant l'une des branches suivant le can supérieur de la barre dirigée vers l'avant
du bâtiment, et l'autre suivant le contour de la section
en allant vers la quille. On marque distinctement ces
équerrages sur des tablettes préparées à cet effet. Ceux
de l'aboutissement des barres sur le contre étambot sont

une suite de ces premiers ; on prend, en plaçant la fausse
équerre de la même manière que pour ceux-ci, l'angle
que forme le can supérieur de chaque barre avec la section passant par la face latérale de l'étambot. Les équerrages du gabariage intérieur se prennent sur les sections
intérieures, en plaçant la branche supérieure de la fausse
équerre, de manière à être dirigée vers l'arrière du bâtiment et suivant le can supérieur de la barre. On prend
immédiatement ceux de leur encôlure dans le même
sens, en dirigeant la branche inférieure suivant le contour de la ligne d'encôlure. L'équerrage vertical du
bout de chaque barre se prend dans le plan vertical latitudinal ; c'est l'angle que forme le can supérieur de la
barre avec l'estain d'exécution, et dont l'ouverture est
dirigée vers la partie basse du bâtiment.

Les équerrages de la barre d'hourdy se prennent d'une
manière inverse à ceux des autres barres, c'est-à-dire
par le can inférieur, en allant vers le haut du bâtiment,
à cause que les sections verticales longitudinales se
terminent au tableau ou râblure de cette barre.

38. *Equerrages des fourrures d'apôtres et des allonges d'écubiers.* (Fig. K'.)

Ces équerrages pourraient être pris comme ceux des
couples dévoyés, en traçant les deux arètes d'exécution
de leur gabariage extérieur dans le plan vertical longitudinal ; mais, comme à cette partie les formes du bâtiment
sont beaucoup moins inclinées par rapport au plan diamétral longitudinal, qu'aux autres positions, il s'ensuit
qu'on peut les obtenir avec exactitude par le moyen des
lignes d'eau et des lisses carrées, qui coupent le plan de

ces allonges sous un angle très rapproché de l'angle droit. Ces équerrages sont représentés par les angles que forment les lignes d'eau avec la projection horizontale de l'arête de leur gabariage. On pose la fausse équerre de manière que l'une des branches soit dirigée suivant la projection horizontale de cette arête en allant vers le milieu du bâtiment, et l'autre, suivant le contour de la ligne d'eau, en allant vers l'arrière. On opère, par un moyen semblable, sur les lisses carrées, et on obtient les équerrages extérieurs de tout le système.

L'exécution de ces pièces ne saurait être terminée avec ces seuls équerrages, il est encore indispensable de connaître leurs dimensions sur le droit, celles sur le tour, ainsi que leurs équerrages intérieurs. Pour parvenir à ces différents procédés, on est dans l'obligation de tracer l'intérieur du bâtiment à cette partie, on opérera à cet effet, comme on l'a fait pour le tracé intérieur de l'arrière dans le but d'obtenir les dimensions sur le tour des barres d'arcasse. On déterminera, au moyen des buchettes, le gabariage intérieur des couples dévoyés de l'avant dans le plan vertical latitudinal, sur lesquels on prendra les demi-largeurs aux lignes d'eau et lisses carrées, que l'on reproduira dans le plan horizontal, aux parties correspondantes, et par lesquelles on fera passer leurs courbes.

Quant à leur aboutissement, on représente la contre-étrave dans le plan vertical longitudinal, et l'on projette les points de rencontre de cette dernière avec la trace verticale du plan des lignes d'eau, sur la face latérale de l'étrave dans le plan horizontal. Au moyen de ce nouveau tracé, on obtient les dimensions sur le tour de chaque allonge , en marquant sur des buchettes la quantité interceptée entre les lignes d'eau extérieures et intérieures , suivant l'obliquité de l'arête du gabariage en projection horizontale. Leurs dimensions sur le droit se marquent suivant le contour des lignes d'eau extérieures , et les équerrages intérieurs se prennent en mettant l'une des branches de la fausse équerre suivant la projection horizontale de l'arête du gabariage , en la dirigeant vers l'extérieur du bâtiment , et l'autre suivant le contour de la ligne d'eau extérieure , en allant vers l'arrière.

39. *Équerrages des montants de poupe latéraux et intermédiaires.* (Fig. L'.)

Les équerrages des montants latéraux sont ceux dont nous parlerons les premiers , et, comme il est nécessaire de bien connaître la manière de les employer , nous donnerons ici un detail relatif à l'exécution de ces pièces.

On commence par le gabariage extérieur de leur face arrière , que l'on travaille à angle droit ; l'on pose ensuite sur cette face les gabarits de leur contour extérieur longitudinal , en faisant correspondre directement , de l'un à l'autre , dans toute leur étendue , la droite commune à tous les deux qu'on a eu soin d'y tracer lors de leur exécution , et que l'on reproduit sur cette face , ainsi que la verticale qui s'y trouve aussi tracée. On travaille alors ce gabariage avec les équerrages pris dans le plan horizontal , aux angles que forment les lisses carrées longitudinales avec les lignes droites du bouge de chaque lisse transversale qui leur correspond. Ces équerrages doivent être passés horizontalement, c'est-à-dire suivant les traits des lisses que l'on reproduit sur la pièce au moment du gabariage. Le gabariage extérieur de l'arrière ne doit point rester avec un équerrage perpendiculaire à l'axe longitudinal du bâtiment, comme il a déjà été travaillé, car il existe, soit à la voûte, soit au tableau, un bouge horizontal qui produit, pour chaque montant de poupe, des équerrages avec le gras, en partant des côtés allant vers le milieu. On pose alors de nouveau le gabarit de cette face dans un plan parallèle à la verticale qu'on a eu soin d'y tracer, et de manière à enlever seulement la quantité de bois nécessaire pour suffire aux équerrages du bouge horizontal, pris aux angles que forment les lisses carrées longitudinales avec les lisses transversales de ce bouge. Ces deux gabariages ainsi façonnés, il ne reste plus que l'intérieur de la pièce, que l'on travaille d'après les échantillons. Quant à l'entaille du pied sur la barre d'hourdy, le gabarit de quête la désigne sur la face extérieure longitudinale, et un équerrage, pris verticalement et transversalement dans le plan vertical latitudinal, sert à reproduire cette entaille sur la face intérieure, en prenant pour directrice la ligne verticale tracée sur le gabariage extérieur de la face arrière.

Les équerrages des montants intermédiaires se prennent aux angles formés par la projection horizontale du gabariage de chacun d'eux avec les lisses transversales, et dont l'ouverture est dirigée vers l'avant du bâtiment.

40. *Equerrages des lisses*. (Fig. M).

Le moyen d'obtenir ces équerrages consiste, pour les

lisses obliques, à prendre simplement avec une fausse
équerre les angles extérieurs formés par la rencontre
de leur projection dans le plan vertical latitudinal avec
le gabariage des couples, et dont l'ouverture est dirigée
vers la quille. On observe, pour les couples dévoyés,
de prendre l'angle que forme le trait de renvoi de la lisse
avec l'axe d'exécution de ces couples.

Pour déterminer ceux des lisses de l'œuvre morte, on
mène des horizontales exclusivement au bâtiment, par
les points de rencontre de la projection de chacune
d'elles avec le contour de chaque couple; les angles
que ces horizontales forment avec ces contours, indiquent les équerrages que l'on prend comme ceux des
lisses obliques. Pour les couples dévoyés, on mène les
horizontales, à partir du point d'intersection de la lisse
avec la projection de l'axe du couple, et l'on prend les
équerrages sur l'axe d'exécution.

On aura l'attention, en prenant les équerrages de
l'un et l'autre système de lisses, de marquer leur épaisseur en contre bas de leur projection sur le gabariage
des couples, afin de limiter la partie courbe sur laquelle
on prend les équerrages.

L'extrémité du gabariage des lisses, à la râblure de
l'étrave, nécessite aussi un équerrage : à ce sujet, on
représente dans le plan vertical latitudinal, la projection
du can inférieur de chacune d'elles ; on prend, à partir du dessus de la quille, la hauteur des points où ces
nouvelles projections rencontrent la ligne qui indique
le fond de râblure. On répète ces hauteurs sur la râblure
de l'étrave, et l'on prend leur distance à la perpendiculaire, que l'on reproduit sur l'axe longitudinal. Par

ces points on mène des parallèles à cette perpendiculaire que l'on considère séparément comme axe d'un
couple carré; et pour lequel on prend les demi-largeurs
aux lisses, que l'on porte dans le plan vertical latitudinal, aux positions correspondantes : par tous ces points
et celui où le can inférieur de chaque lisse rencontre le
trait de râblure, on décrit des courbes qui forment, avec
la projection supérieure de ces mêmes lisses, les angles
extérieurs que l'on doit prendre pour les équerrages de
l'extrémité de leur gabariage, et qui sont une suite de
ceux obtenus sur les couples. Ceux qui doivent servir
pour leur aboutissement à l'étrave, sont prélevés en
place, au moment de l'exécution.

La levée des équerrages des lisses n'a lieu que pour
les parties extrêmes du bâtiment sur lesquelles on construit les gabarits. Chaque groupe appartenant à une
même lisse sera distingué sur les tablettes par le chiffre
correspondant de cette lisse.

TROISIÈME PARTIE.

41. *Règles de perpignage des couples*. (Fig. X).

L'utilité de ces règles étant de fixer avec certitude
la position assignée à chaque couple, non seulement
sur quille, mais encore à différentes hauteurs du bâtiment, lors de l'exécution, en les plaçant dans une
direction longitudinale et parallèle à la quille, il en
résulte que leur système doit nécessairement contenir

la division précise de tous les couples, ainsi que les positions principales du bâtiment.

Pour obtenir ces différentes distributions, on place les règles de manière à suivre, aussi près que possible, la direction de l'axe longitudinal, depuis la perpendiculaire de l'étrave jusqu'à celle de l'étambot. Ces règles dont les dimensions sont de six à sept centimètres au carré, doivent empiéter très proprement l'une avec l'autre d'une quantité de cinquante à soixante centimètres, et être rabotées sur toutes les faces. L'une de ces faces est destinée à recevoir la division des couples de levée et de remplissage, les deux perpendiculaires, la position du portant sur terre, le dehors de l'étambot, la ligne droite de la barre d'hourdy et les axes des mâts. Les autres faces contiennent la division des sabords des différentes batteries, ainsi que les deux perpendiculaires que l'on rend communes pour toutes les faces. Ces différentes divisions doivent être rapportées sur l'axe longitudinal à côté duquel les règles sont fixées, et que l'on reproduit sur elles avec une très grande exactitude, en observant que les graduations doivent porter empreintes et être distinguées par leur dénomination spéciale, que l'on peint en noir à côté de chaque trait.

Le système des règles de perpignage doit être double et identique dans toutes les graduations. L'un doit être distingué et servir pour le côté de tribord, et l'autre pour le côté de babord. Chacune des règles composant un système doit aussi porter un numéro d'ordre, à partir de la première avant, afin de les réunir convenablement après leur séparation.

42. *Règles des ouvertures des couples.* (Fig. O.)

Le seul gabariage des allonges composant les couples, ne saurait suffire à déterminer, pour chacun d'eux, la forme et la symétrie qui leur convient au moment de leur montage sur le terrain. On se sert, pour arriver à ce résultat, de règles carrées comme celles de perpignage, sur lesquelles on marque de chaque côté de leur milieu et sur la même face, les demi-largeurs horizontales de chaque couple, prises dans le plan vertical latitudinal, à la lisse du fort de la largeur du bâtiment et à la lisse du plat-bord. Chaque point de demi-largeur doit être gravé sur la règle par un trait carré, et distingué par le numéro du couple auquel il appartient.

Les ouvertures des couples dévoyés doivent être prises, non seulement pour leur exécution, comme celle des couples carrés, mais aussi pour leur projection. On prend à cet effet des règles particulières ; on marque de chaque côté de leur milieu sur la même face les demi-largeurs des axes de projection. Celles de leur exécution se marquent sur la face opposée, mais à partir de l'axe renvoyé de chaque couple que l'on marque de côté et d'autre, du milieu de la règle. Pour obtenir ces renvois, on prend dans le plan horizontal, avec un compas, la quantité de dévoiement de chaque couple, en fixant l'une des pointes sur le point de rencontre de la nouvelle arête, et l'autre sur l'axe longitudinal, suivant le prolongement de cette arête. Ces quantités prises pour chacun des couples, et marquées, comme il vient d'être dit, de chaque côté du milieu des règles d'ouvertures, indiquent les axes renvoyés de ces couples pour leur exécution, et que l'on distingue par le numéro qui leur convient.

On observera de ne point marquer les ouvertures des couples de la partie de l'arrière sur les règles qui contiennent celles de la partie de l'avant. D'ordinaire on emploie quatre règles pour chaque partie, dont la longueur excède d'un mètre la largeur du bâtiment. Deux reçoivent les ouvertures des couples carrés, l'une au fort, l'autre au plat-bord ; et les deux autres reçoivent celles des couples dévoyés, aussi aux mêmes positions. Chacune des règles devra contenir, sur une des faces, le nom de la lisse sur laquelle on a pris les ouvertures afin de les passer convenablement lors de l'exécution.

43. *Division des allonges composant les couples.*

Le nombre d'allonges composant chaque couple du navire que l'on trace, est ordinairement déterminé par le tarif de la main-d'œuvre de charpente : mais il peut arriver que les bois en approvisionnement, ne permettent pas de suivre cette distribution par le défaut de leur dimension en longueur ; on a soin alors de visiter les dépôts, afin d'agir avec certitude.

Le maître couple est celui par lequel on commence, on marque sur son gabariage, à partir de l'axe latitudinal, la demi-longueur de la varangue, égale à peu près au quart de la largeur du bâtiment. La première allonge vient ensuite, la troisième suit, et la cinquième ou allonge de revers, arrive à la hauteur du plat-bord qu'elle dépasse ordinairement de trente centimètres. Le plan des allonges où se trouve la varangue est appelé premier plan du couple, le deuxième qui coïncide avec le premier, se compose de la demi-varangue, du genou, de la deuxième allonge, de la quatrième allonge et de la sixième allonge ou bout d'allonge ; de manière que l'on peut remarquer facilement que les numéros des allonges du premier plan sont impairs, et que ceux du deuxième sont pairs. On observe que les allonges du deuxième plan doivent avoir leur écart au milieu des allonges du premier plan, afin de croiser ceux de ce dernier. On aura aussi l'attention d'éviter la rencontre de deux allonges aux façades des sabords, ce qui produirait un mauvais effet. Tous les couples de levée sont distribués de la même manière, pour leur composition. Le plan de la varangue doit être indiqué dans le plan horizontal , à côté de la projection de chaque couple où l'on tracera un V pour la désigner. Les varangues des couples de remplissage de l'arrière font face vers l'avant , et celles des remplissages de l'avant font face vers l'arrière.

Après la distribution des allonges , on a le soin de tracer ou de peindre leur dénomination , dans le plan vertical latitudinal , de la manière suivante :

Pour le premier plan V. 1A. 3A. 5A. et pour le deuxième 1/2 V. G. 2A. 4A. 6A. ou Bd'A. On les reproduit de la même manière sur les gabarits , avec le numéro du couple , au moment de leur confection.

44. *Gabarits des couples carrés.* Fig. P.

Après la division des allonges composant les couples, comme il vient d'être dit dans le chapitre précédent , on se dispose à confectionner le gabarit de chacune , d'après leur longueur déterminée. On emploie à cet effet des planches en bois de sapin , rabotées sur les deux faces , de 0.025 à 0.027 millimètres d'épaisseur , sur

0,30 à 0,40 centimètres de largeur, le bois aussi sec
que possible, afin d'éviter le trop de déjettement.

On construit, au fur et à mesure, et l'un après
l'autre, le sytème de gabarits de chaque couple, en
commençant par celui de la varangue. Pour parvenir
à la composition de ce dernier, on travaille une planche égale à la moitié de sa longueur, de manière à suivre exactement, le contour du trait du couple sur lequel
on opère. On le place ensuite inclusivement suivant ce
trait et celui du dessus quille, afin d'y marquer les
lisses qui se trouvent à cette position, ainsi que l'axe
latitudinal, qui sert à couper l'extrémité du gabarit.
On prend une deuxième planche, que l'on travaille,
comme la première, en la superposant sur celle-ci,
et en y reportant les mêmes traits des lisses. Ces
deux gabarits, ainsi confectionnés, doivent être as-
semblés bout-à-bout, pour représenter en entier la
forme symétrique de la varangue ; mais, comme dans
le plan vertical latitudinal, on n'a qu'un seul côté de
tracé pour un même couple, on ne saurait parvenir
à cet assemblage. On les transporte alors, et on les fixe
dans le plan des balances, tracé à ce sujet, en réunissant leur extrémité, sur le trait qui représente l'axe
latitudinal, l'un d'un côté et l'autre de l'autre de cet
axe, de manière à faire correspondre les lisses, et les
points du couple qui les a produits.

Une troisième planche est clouée sur celle-ci, à
partir de l'encolure de la varangue, allant vers le
dessus quille, et de façon à croiser les écarts, afin
de la tenir dans une position invariable. On reproduit
sur ce doublage le trait de l'axe latitudinal, et en y

peint le numéro du couple auquel le gabarit appartient.

La confection des gabarits pour les allonges, se fait en travaillant chaque planche suivant le contour de la portion du couple, indiqué par la division. Si la longueur d'une planche ne suffit pas pour une même allonge, on en met deux, empiétées à fleur de bois, d'une quantité de 0,50 à 0,60 centimètres, et clouées solidement l'une sur l'autre. On marque sur ces gabarits les lignes de tous les ponts, les traits et numéros des lisses, celui de leur couple et le nom de l'allonge.

45. *Gabarits des couples dévoyés.* (Fig. Q'.)

Les gabarits des allonges composant ces couples, se travaillent comme ceux des couples carrés, à l'exception seulement de marquer les lisses d'après leur renvoi. Celui de la varangue n'en représente que la moitié. Un seul côté suffit, puisqu'elles sont en deux pièces, à cause de leur dévoiement. Ces gabarits doivent porter les traits des lisses, ceux des lignes d'eau, la hauteur d'encôlure de la varangue de l'axe latitudinal.

L'assemblage en projection des deux pièces composant la varangue d'un couple dévoyé, nécessite un gabarit représentant l'angle que forment les deux plans dans lesquels le couple se trouve compris. Pour déterminer cet angle, on répète, dans le plan horizontal, les traits des axes de projection, vers l'autre côté de l'axe longitudinal, à partir du point de rencontre de cet axe avec les projections primitives ; ce qui produit l'angle de dévoiement sur lequel sera construit le ga-

barit. On le composera avec deux planches dressées sur
leur can , ayant chacune pour longueur deux à trois
mètres, et liées entre elles par une troisième, d'une
manière invariable. On trace sur leur face, les traits des
lisses et lignes d'eau, qui croisent leur longueur, ainsi
que l'axe longitudinal.

46. *Gabarits du système d'arcasse.* Fig. R'.)

Nous commencerons par celui de l'étambot. On choi-
sira, à cet effet, une planche qui puisse le former d'une
seule pièce dans sa longueur, et dont la largeur soit
égale à celle comprise depuis le trait extérieur de l'étambot jusqu'à l'arête intérieure de la râblure où viennent aboutir les barres, desquelles il suivra le contour,
depuis le can inférieur du fourcat d'ouverture jusqu'au
can supérieur de la barre d'hourdy. L'on tracera très
exactement sur ce gabarit, le trait du fond de râblure, les
cans supérieur et inférieur des barres, les traits des lisses et des lignes d'eau, et principalement le dessus
quille. La longueur sera déterminée par la distance comprise à partir d'un mètre par dessus le can supérieur de
la barre d'hourdy, jusqu'à 0, 30 centimètres au dessous
de la ligne du dessus quille.

Les gabarits des barres se composent de deux côtés
symétriques et réunis solidement par un doublage cloué
par dessus, de manière à croiser leur écart, après les avoir
fixés dans le plan de leur balance, d'une manière analogue à celle qu'on a employée pour l'assemblage des gabarits des varangues.

On travaille l'un de ces côtés, suivant le contour de
leur gabariage extérieur dans le plan horizontal, on le

pose ensuite inclusivement et suivant le trait de la barre qui lui correspond, afin d'y marquer avec soin, les traits des sections verticales longitudinales, celui de l'estain où les barres viennent aboutir, la face latérale de l'étambot et l'axe longitudinal. On distingue tous ces traits, en leur donnant la dénomination qui leur convient. Au moyen de la superposition, on travaille l'autre côté, sur lequel sont reproduits les traits marqués sur le premier ; on les assemble ensuite dans le plan des balances, comme il vient d'être dit, en plaçant le doublage qui les réunit, à partir du trait de leur encôlure allant vers leur aboutissement. On exécutera, en suivant un semblable procédé, les demigabarits, des cans inférieurs et extérieurs des barres.

L'estain, considéré depuis le can inférieur du fourcat d'ouverture jusqu'au milieu de la barre d'hourdy, nécessite deux gabarits, que l'on confectionne dans le plan vertical latitudinal, comme ceux des allonges, l'un sur l'arête de la face arrière où viennent aboutir les barres, et l'autre sur celle de la face avant. On marque très soigneusement sur le premier, le trait du can supérieur et inférieur de chaque barre, ainsi que les lisses et les lignes d'eau situées à cette position ; et sur le second, les traits des lisses et lignes d'eau seulement. On construit ensuite celui de l'allonge de cornière et du renfort de cornière, sur lesquels on marque aussi les traits des lisses.

Lorsque l'estain se trouve compris dans un couple dévoyé, comme il arrive quelquefois, on le considère alors comme allonge de ce couple, sans cependant rien changer à la confection de ses gabarits. Pour ceux du restant des allonges, on suit la méthode générale

47. *Gabarits du massif de l'arrière.* (fig. 8.)

Le système de pièces de charpente, composant cette partie, est compris, comme il a été dit, dans l'espace limité par le contre étambot intérieur (à partir du can inférieur du fourcat d'ouverture), le dessus quille et la courbe de la section où viennent aboutir les barres et couples acculés. L'extrémité avant se termine à l'endroit où la courbe de cette section n'a plus que 0, 25 centimètres de distance au dessus quille. On construit ordinairement un seul gabarit, que l'on divise ensuite en deux parties dans la longueur, auquel on donne la forme de toute cette étendue, et sur lequel on trace les axes de tous les couples carrés qui ont été remplacés par les dévoyés, en y comprenant ceux de ces derniers, ainsi que les traits des lignes d'eau.

On peut se figurer la forme verticale latitudinale du massif, comme une continuation des parties inférieures des couples, qui aboutissent à sa face supérieure; c'est-à-dire que les faces latérales en ont le même gabariage jusqu'au dessus de la quille, où les couples pourraient venir reposer, si la largeur du bâtiment à cette partie n'était moindre que celle de la quille. D'après cela, nous concevrons que la face supérieure a une plus grande largeur horizontale que la partie inférieure. Par cette raison, il devient indispensable de déterminer l'une et l'autre de ces largeurs, afin de travailler convenablement les pièces du système.

Pour arriver à ce procédé, nous considérons les axes des couples carrés, représentés sur les gabarits, comme autant d'axes latitudinaux. Nous prendrons dans le plan vertical latitudinal les demi largeurs de ces couples, aux lignes d'eau, comprises depuis la hauteur du massif jusqu'à la quille, que nous porterons sur le gabarit, à partir des traits des couples pris chacun comme axe médial. Par tous ces points nous ferons passer des courbes qui seront comprises dans des plans verticaux, devenus parallèles au plan diamétral longitudinal, et qui indiqueront le gabariage latéral que doit former cet ensemble à plusieurs positions.

La partie des massifs, comprise depuis le dernier couple arrière jusqu'à l'étambot, ne peut être déterminée de la même manière; mais on parvient à un résultat analogue, en employant les lignes d'eau. A défaut des axes de couples, on prend les demi-largeurs dans le plan horizontal, que l'on reproduit à côté du trait qui leur correspond sur le gabarit, et que l'on prend pour axe longitudinal; on obtient ainsi de nouvelles courbes situées dans des plans horizontaux. De cette manière on pourra travailler chaque pièce convenablement à leur dimension latérale par rapport à la position qu'elles occuperont dans le système. Indépendamment du grand gabarit, on construira particulièrement celui de la courbe d'étambot, ainsi que ceux de toutes les pièces composant le massif, suivant le mode adopté pour la composition du boisage de cette partie.

48. Gabarits du système de l'étrave. (fig. T.)

Il est nécessaire, avant le travail de ces gabarits, de déterminer la longueur des pièces composant le système, en y comprenant celle du brion. La longueur de cette dernière devra être assez considérable pour que l'axe du mât de misaine se trouve distant des deux écarts, d'un mètre cinquante centimètres au moins. Le nombre de pièces composant l'étrave, ne doit point excéder trois : la plus basse se réunit avec le brion, au moyen d'une empâture de 1ᵐ, 65ᶜ de longueur; les suivantes terminent le contour de l'étrave par une réunion semblable. Cette division sera indiquée dans les formes sur le tracé de l'étrave, ainsi qu'à la partie de la quille occupée par le brion.

La distribution des pièces de la contre étrave sera faite immédiatement, en observant de fixer les écarts au milieu de chaque pièce d'étrave, afin de consolider ceux de ces dernières.

Les pièces d'étrave auront chacune un gabarit égal à leur longueur, et travaillé suivant le contour extérieur de chacune; leur réunion ou assemblage devra représenter le gabariage total de l'étrave : mais afin d'opérer avec certitude au moment de l'exécution, on construira un deuxième plan de gabarits sur le premier, dont les écarts ne correspondront point avec ceux de celui-ci, afin d'en rectifier le contour. On représentera sur les deux systèmes, la perpendiculaire avant, la hauteur de la ligne droite des baux de tous les ponts, les axes des couples dont le pied repose sur l'étrave ou sur le brion, la position du portant sur terre, et celle des lisses et lignes d'eau que l'on indiquera par des traits parallèles à la quille, faisant intersection avec l'aboutissement de chacune d'elles au centre de la râblure. C'est suivant la direction de ces traits et à partir du dehors de l'étrave, que l'on prélèvera sur des buchettes, les dimensions sur le tour de cette dernière, ainsi que le contour du fond de râblure et celui de l'arête intérieure. L'arête extérieure étant parallèle au centre, se détermine d'après la demi largeur de la râblure, au moment de l'exécution.

Les gabarits de la contre-étrave se confectionnent suivant le contour et la largeur totale des pièces qui la composent. Un seul plan de gabarits suffit pour leur exécution. On marque sur chacun d'eux, les traits correspondants tracés sur ceux de l'étrave pour servir de repères à leur assemblage. Un seul gabarit en forme de coin sera construit suivant la forme déterminée par l'intervalle qui existe entre la ligne d'encôlure des couples et le trait intérieur de la contre-étrave, depuis la face avant du premier couple, jusqu'au point où ils se réunissent pour ne former qu'un seul trait jusqu'au sommet de l'étrave. Ce gabarit doit aussi contenir les traits qui doivent assigner la position de la pièce qu'il représente.

49. *Gabarits des fourrures d'apôtres et des allonges d'écubiers.* (Fig. I".)

L'arête intérieure de la râblure d'étrave et le trait intérieur de la contre-étrave, dans le plan vertical longitudinal, déterminent la largeur sur le tour des fourrures d'apôtres, et par suite leur gabariage extérieur et intérieur. La quantité, interceptée entre ces deux traits, devra être la largeur des gabarits dont le contour sera travaillé suivant celui de ces courbes.

L'arête extérieure des fourrures d'apôtres, opposée à celle de leur gabariage, désignera le trait sur lequel on construira les gabarits des apôtres. La largeur sur le tour de ces derniers, est déterminée par leur buchette prélevée dans le plan horizontal. On représentera sur chaque système de gabarits, les positions des lisses, ainsi que celles des lignes d'eau.

Les gabarits des allonges d'écubiers seront aussi confectionnés dans le plan vertical longitudinal, suivant le contour de leur courbe d'exécution, déterminée dans ce plan. Les lisses et lignes d'eau seront aussi figurées sur leur face.

On observera de ne point faire correspondre les écarts des gabarits des fourrures d'apôtres avec ceux des gabarits de l'étrave. La même observation doit avoir lieu pour les apôtres, ainsi que pour chacun des plans composant le boisage des allonges d'écubiers.

50. *Gabarits de râblure.* (Fig. V'.)

La râblure, comme on le sait communément, est l'angle rentrant creusé sur les faces latérales de la quille, ainsi que sur celle d'étrave et d'étambot, dans le but de renfermer l'épaisseur des bordages du revêtement extérieur. Le sommet de cet angle en est le centre, et les extrémités des côtés les arêtes : l'une de ces dernières est extérieure et l'autre intérieure au bâtiment. Le centre est également profond à toutes les parties : dans le tracé, c'est la ligne où les couples, les lisses et les lignes d'eau viennent aboutir. L'arête extérieure lui est parallèle à une distance égale à la demi-largeur de la râblure. L'arête intérieure est représentée par la courbe de la section verticale longitudinale, passant par la face latérale de l'étrave ou de l'étambot, jusqu'aux positions où celle-ci vient se confondre avec la ligne du dessus de la quille , alors elle devient parallèle au centre , et par suite symétrique à l'arête extérieure.

Le gabarit pour la râblure de la quille se construit sur la coupe transversale qui la représente dans le plan vertical latitudinal ; sa forme doit imiter celle de l'une des faces latérales , en observant que l'angle rentrant de la râblure soit saillant sur le gabarit. C'est à l'aide de celui-ci que l'on travaille les râblures d'étrave et d'étambot , mais , pour achever leur entière confection, on se sert, à l'étrave, du trait de l'arête intérieure que l'on détermine au moyen de la buchette prélevée dans le plan vertical longitudinal, et pour l'étambot, l'on construit , dans le plan horizontal , sur le trait qui en représente une face latérale , d'autres gabarits dont le côté intérieur de l'angle saillant des uns, suive les traits des lignes d'eau, et celui des autres, le gabariage extérieur de chaque barre.

51. *Gabarits des lisses.* (Fig. X'.)

Les projections horizontales des lisses obliques ainsi que celles de l'œuvre-morte , représentent les formes longitudinales du contour extérieur du bâtiment, chacune suivant l'intersection du plan dans lequel elle se trouve comprise. Leur courbure plus arrondie vers les extrémités que vers le milieu, exige d'être prélevée sur des gabarits , afin de donner aux lisses leur véritable contour et servir à fixer la position respective des couples qu'elles enveloppent. Ces gabarits doivent être exécutés suivant la concavité de ces courbes , et en plusieurs parties, sur la longueur déterminée à cet effet sur chacune d'elles. Leur réunion aura lieu au moyen d'une empâture sur le milieu de laquelle devra toujours se trouver l'axe d'un couple. Les planches qu'on emploie à ce travail sont ordinairement de deux centimètres d'épaisseur, mais au lieu d'une seule, on en met deux, clouées solidement l'une sur l'autre, excepté à la position des écarts pour permettre leur assemblage ainsi que leur séparation.

On représente sur ces gabarits les aboutissements des lisses au centre de la râblure et les axes des couples carrés et dévoyés. Ces derniers sont marqués sur les lisses obliques d'après leur renvoi.

Les parties intermédiaires du bâtiment, sur lesquelles on ne construit aucun gabarit, sont celles où l'on emploie les lisses travaillées seulement à la scie, d'après leur dimension, et sans autres équerrages que celui de l'angle droit. L'on observe cependant de faire scier celles de l'œuvre-morte, de manière à mettre leur face supérieure dans un plan horizontal.

FIN.

TABLE DES CHAPITRES.

FIN DE LA TABLE.

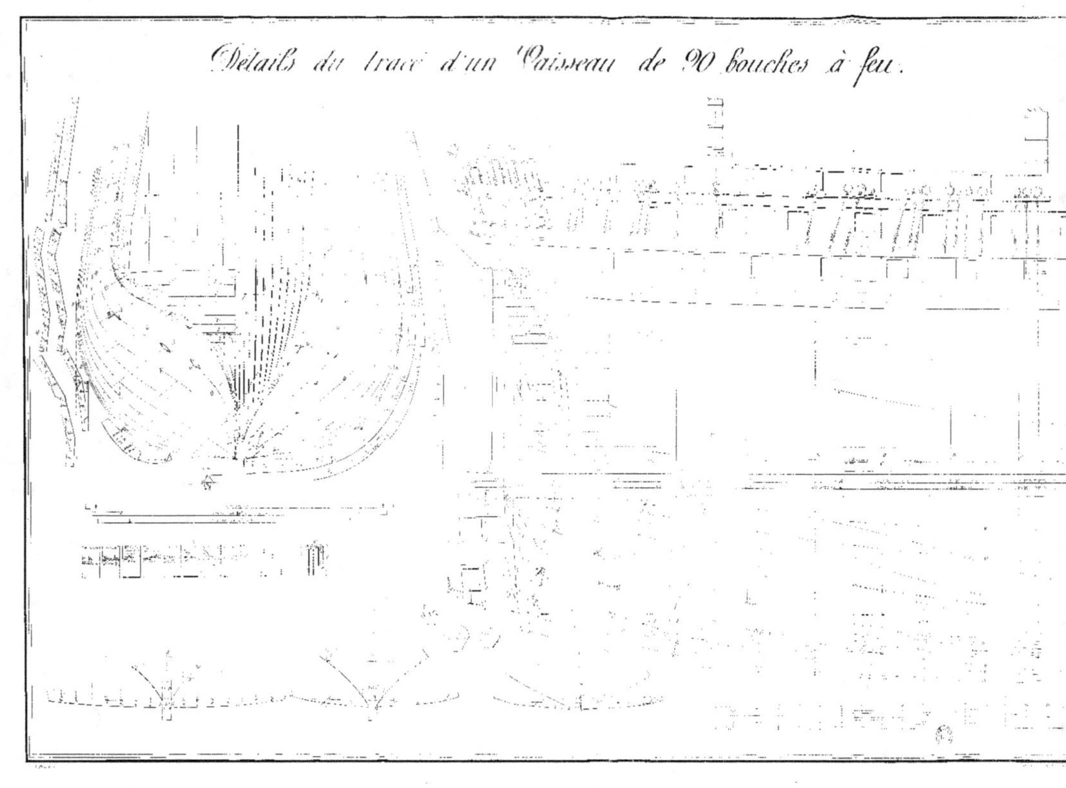

Détails du tracé d'un Vaisseau de 90 bouches à feu.

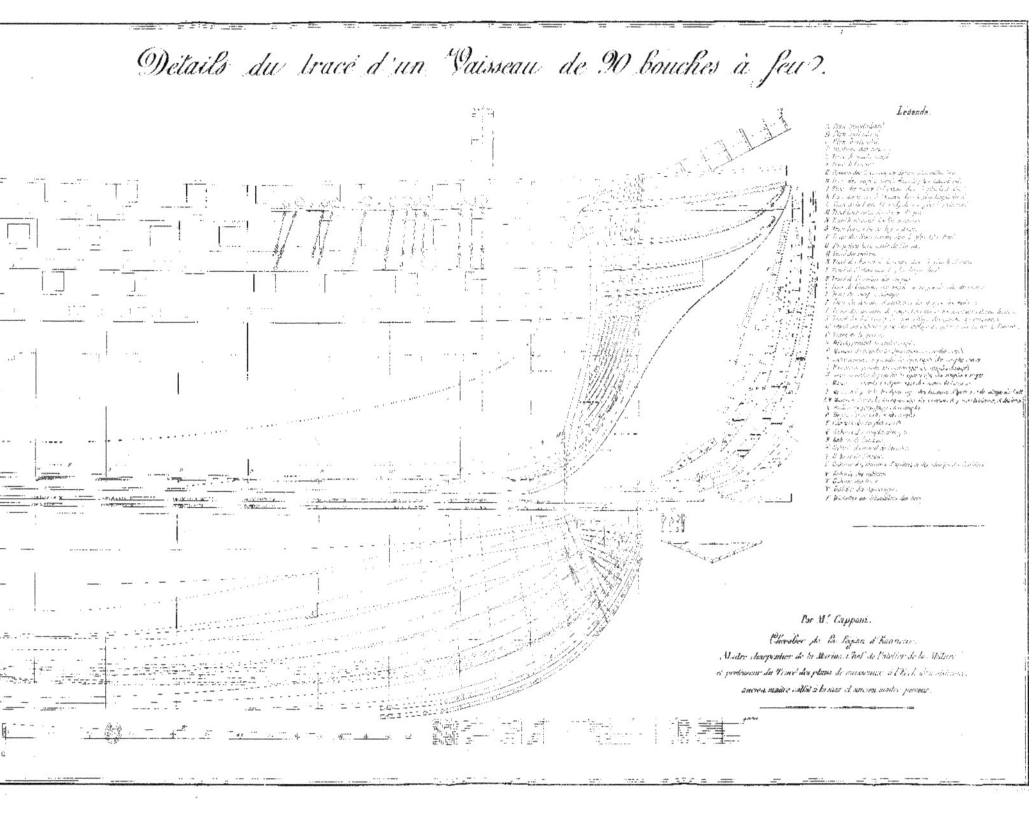

Détails du tracé d'un Vaisseau de 90 bouches à feu.